베르나르 올리비에의

실크로드

여행 스케치

Turkey

Iran

Turkmenistan

Uzbekistan

Kirgizstan

China

베르나르 올리비에의

실크로드

여행 스케치

베르나르 올리비에 지음 | 프랑수아 데르모 그림
고정아 옮김

효형출판

자! 나와 함께 실크로드로
즐거운 수채화 여행을 떠납시다…

개정판에 즈음하여

이미지는 디지털카메라가 포착한 사진의 형태로 우리 삶 속에 파고 들어와 있습니다. 하지만 그렇다고 사진이 그림을 대신할 수는 없습니다. 수채화는 상상력을 강하게 자극하여 정서적으로 새로운 감흥을 불러일으킵니다.

그리하여 저는 1999년에서 2002년 사이에 도보로 여행했던 실크로드를 자동차를 타고 다시 찾았습니다. 이번에는 완벽하게 사실적인 그림을 통해 꿈의 세계로 이끌어주는 나의 친구 프랑수아 데르모와 함께였습니다. 4년간의 환상적인 모험을 나의 독자들과 함께 나누기 위해서 그의 능력이 필요했고, 프랑수아는 마술 같은 붓놀림을 발휘해 오랜 시간이 지나도 여전히 잊을 수 없는 그 풍경과 사람들을 생생히 그려냈습니다.

걷기는 곧 생명력입니다. 여행은 우리에게 새로운 세상을 열어줍니다. 이스탄불에서 시안까지 실크로드를 누비며 나는 책으로 쓰려했던 것보다 더 불가사의하고 관대하며 정이 넘치는 멋진 세계를 발견했습니다. 여정을 더욱 풍성하게 만들어준 동행자 프랑수아 데르모 덕분입니다.

2014년 초겨울

한국 독자에게

실크로드 여행을 마치고 쓴 책 『나는 걷는다』가 한국에서 발간되었을 때, 한국 독자들이 보여준 큰 관심에 감동받았습니다. 그 성원에 힘입어 2004년 가을 한국을 방문한 저는 걷기에 대한 여러분의 열정이 얼마나 큰지 가늠할 수 있었습니다. 제가 쓴 책에서는 실크로드가 시안西安에서 시작되지만, 실크로드는 한국의 문화와도 밀접한 관계를 맺고 있음을 이해할 수 있었답니다.

친구이자 놀라운 재능을 가진 수채화가 프랑수아 데르모와 함께 다시 실크로드를 여행하고 책을 준비하면서, 첫 번째 여행에서 만난 친구들과 재회하는 기쁨을 누렸습니다. 새로 쓴 여행기에도 관심을 가져주신 한국 분들께 감사드립니다. 아울러 오랜 역사를 가진 동양에 지혜를 찾으러 온 한 고독한 도보 여행자의 우정을 전합니다.

2006년 여름

Departure
출발

Turkey
터키

길은 거대한 초원을 가로지른다

Iran
이란

이 소중한 공간에서 행복할지어다

Turkmenistan
투르크메니스탄

슬픔 위에 피어난 사막의 꽃

Uzbekistan

우즈베키스탄

사마르칸트의 푸른 돔

Kirgizstan

키르기스스탄

말보다 드센 파미르의 여인들

China
중국

인간의 가장 위대한 작품

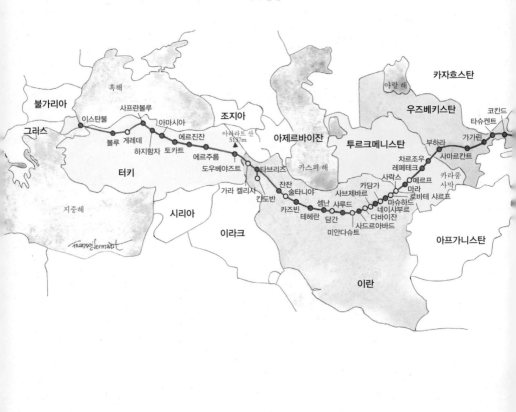

이동 경로

2004년 5월 1일
파리 출발

불가리아

그리스

흑해

이스탄불

사프란볼루

볼루 게레데

하지함자 토카트

아마시아

에르진잔

에르주룸

도우베야즈트

가라 켈리사

조지아

아라라트 산
5137m

타브리즈

잔잔
술타니야

칸도반

카즈빈

테헤란

셈난 샤루드

담간

미안다슈트

사드르아바드

아제르바이잔

카스피 해

다비이잔

네이샤부르

사브제바르

카담가

사락스

마슈하드

마라

로바테 샤르프

메르프

레페테크

차르조우

사마르칸트

부하라

카자흐스탄

아랄 해

우즈베키스탄

코칸드

타슈켄트

가가린

카라쿰
사막

투르크메니스탄

터키

지중해

시리아

이라크

이란

아프가니스탄

fransoi lermaut

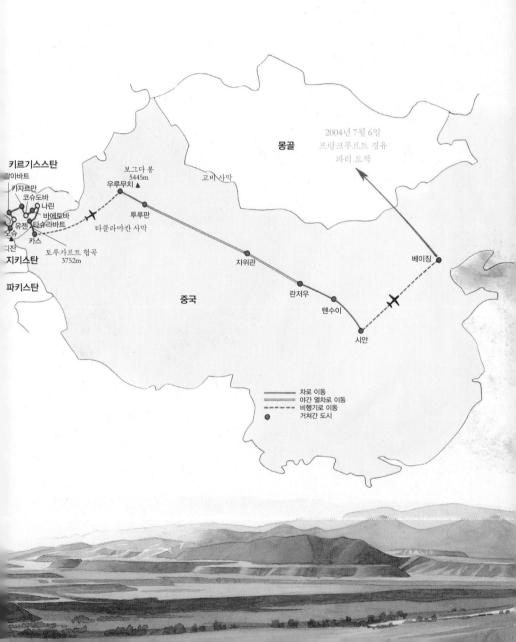

키르기스스탄
칼아바트
카자르만
코슈도바
나린
바에토바
유젠 타슈라바트
오슈
카스
지잔
지키스탄
파키스탄

보그다 봉
5445m
우루무치 ▲
투루판
타클라마칸 사막
토루가르트 협곡
3752m

몽골

고비 사막

중국

자위관

란저우

텐수이

시안

2004년 7월 6일
프랑크푸르트 경유
파리 도착

베이징

차로 이동
야간 열차로 이동
비행기로 이동
● 거쳐간 도시

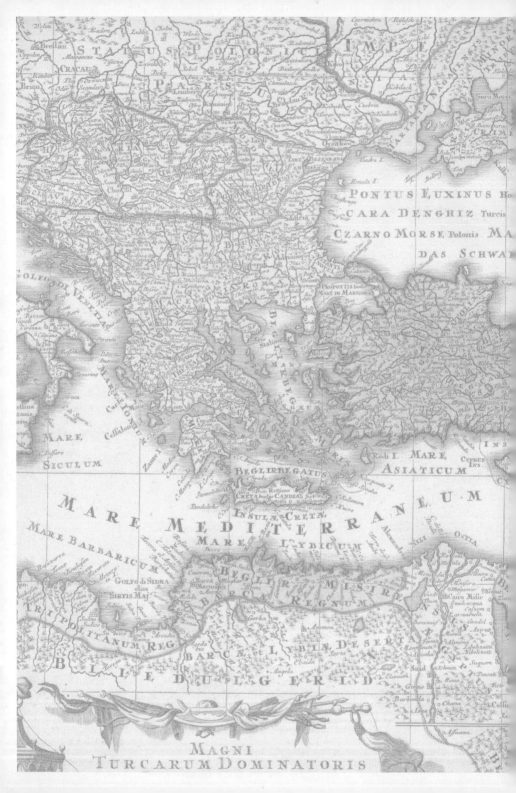

Departure

출발

여행하는 사람들은 깊이 생각한다.
집에 머무는 사람들은 업신여김을 받을 뿐이다
—아랍 속담

왜 걷는가?

Paris

"도대체 왜 걸을까요?" "당신은 무엇 때문에 걷습니까?"

수없이 많은 사람들이 천 번도 넘게 던진 물음이지만, 난 한 번도 근사하게 대답하지 못했다. 그들은 스스로 이렇게 결론 내린다. "알 수 없는 호기심 때문이겠지." 또는 "역시 타고난 운동선수야. 무슨 대회가 아니더라도 건강을 위해 운동을 거르지 않는 운동족族이죠?"라고. 이렇게 말하는 이도 있다. "어딘가로 끊임없이 도피하려는 거 아니요?"

글쎄, 그럴지 모른다. 모두 맞는 얘기일 수도, 틀린 얘기일 수도 있다. 이젠 앞의 질문에 조금은 솔직하게 말해줄 수 있을 것 같다. "네, 나는 소녀처럼 호기심이 아주 많답니다. 내 존재를 꽉 죄어오는 이 일상에서 탈출하고 싶어요. 내 의지와는 전혀 상관없는, 이토록 실망스럽고 불완전한 현실에서 벗어날 거예요. 맞아요. 내 영혼을 깨우러 가겠어요. 무덤처럼 그대로 있으면 날 파멸할 어둠의 유혹에 이끌리고 말 거예요."

물론 자기 방에서 한 발자국 움직이지 않고도 고고하게 자신의 운

명을 개척하며 사는 법을 깨달은 사람들도 있다. 아미엘Henri-Frédéric
Amiel(1821~1881. 스위스의 작가이자 철학가로, 방대한 주제를 다룬 일기를 남겼
다), 조에 부스케Joë Bousquet(1897~1950. 프랑스의 작가로, 제1차 세계대전에
서 부상을 당해 평생 침대 곁을 떠나지 못했지만 초인적 노력으로 자신만의 문학
세계를 일구었다), 실명한 보르헤스Jorge Luis Borges(1899~1986. 아르헨티나의
작가로 오십 대에 실명한 이후에도 계속해서 뛰어난 작품을 남겼다)를 보라. 그
러나 내게는 다른 욕구가 있다. 어린아이였을 적부터 나는 '저 먼 곳'
을 동경해왔다. 꼭 가겠다는 욕구, 건너편 언덕 '너머'로 조금만 더,
조금만 더 보러 가려는 강렬한 욕구…….

그렇다. 바로 그것이다. '보러' 가는 것. 나는 보러 가지 않고 어떻
게 살아갈 수 있을지 알지 못한다. 세상과 세상 사람들을 무척이나 좋
아하기 때문에, 이들이 내 모험에 함께하기를 바랐다. 나는 이스탄불
에서 시안까지 1만 2000킬로미터를 걸어서 여행했다. 1만 2000킬로
미터면 단 한 걸음도 보태지 않고 1800만 걸음을 걷는 것이다. 한번
셈해보라. 이런 여행 코스를 제안하는 여행사가 어디에 있던가. 난 내
가 감행한 모험에 긍지를 느꼈고, 그 오랜 여행을 기록으로 남겼다.*

결과가 좋았다. 어린 시절의 나처럼 '전설의 실크로드'를 꿈꾸던
수만 명의 독자가 내 뒤를 따라와주었다. 과장이 아니라 정말로 수백
명의 독자가 편지를 보내 '이미지'를 넣어달라고 요구했다. 왜 책에

* 『나는 걷는다』(전 3권), 페뷔스Phébus. 1권 아나톨리아 횡단(2000), 2권 머나먼 사마르
칸트(2001) 3권 스텝에 부는 바람(2003) 한국에서는 효형출판에서 2003년 세 권을 동
시 출간했다. 이 시리즈는 2005년 프랑스에서 '리브레토libretto' 총서로 재발간되었다.

사진을 넣지 않았던가? 왜 말로만 여행 이야기를 했던가? 뚫어질 듯
쳐다보는 누군가의 시선을 묘사하거나 대상大商숙소의 벽을 녹일 듯
내리쬐는 강렬한 태양을 느끼게 하거나, 끝없이 펼쳐진 사막을 떠오
르게 하기에, 내 말만으로는 부족할 수 있다는 사실을 혹시 내가 몰랐
던 것일까?

　이미지를 내놓으라는 독자들의 거듭되는 요청에 내 마음속에 한
가지 프로젝트가 자리를 잡아갔다. 다시 여행을 떠나자! 카메라를 들
고! 오아시스와 아나톨리아의 깊은 계곡, 키르기스스탄이나 간쑤甘肅
의 회랑回廊 지대를 다시 보고, 여행하면서 만났던 친구들을 모두 만
나는 것이다. 처음에는 어떻게 대처해야 할지 몰랐던 난관도 요령 있
게 피할 수 있을 테니 이번에는 기쁨과 편안함과 즐거움만 가득한 도
보 여행이 될 것이다. "같은 강물에 발을 두 번 담글 수 없다"는 헤라
클레이토스Hērakleitos의 가르침대로, 전에 여행한 곳을 다시 간다면 첫
번째 여행에서 놓친 구석구석을 발견할 수 있을 것이다. 여행에 대한
열정을 새롭게 불태우면서, 나는 새로운 행복의 열쇠를 쥔 듯 흥분했
다. 특히 터키의 셀림과 베흐체트, 이란의 마슈하드Mashhad에서 만난
메흐디와 모니르, 중국의 류 씨 집에 갑자기 들이닥치면 얼마나 놀랄
까. 상상만 해도 가슴이 벅차올랐다. 저마다 독특한 개성을 지닌, 심
성이 곱고 관대한 이 사람들의 모습을 떠올릴 때마다 흐뭇해졌다. 이
들 중 단 한 사람도 내 머릿속에서 지운 적이 없었다.

　가까운 사람들에게 여행 계획을 털어놓았다. 먼저 아이들에게, 그
다음은 친구들에게. 반응은 한결같았다. 그렇게 무모한 여행을 한 번
했으면 됐지, 두 번은 안 된다는 것이다. 죽을 고비를 간신히 넘긴 게

부지기수요, 수호천사도 할 만큼 한 마당에 이렇게까지 악마의 심술을 돋워야 하겠느냐고. 또 여행을 하고 오면 도대체 나이가 얼마나 되는지 아느냐고. 그래, 그래, 생각을 해보자. 이번 여행에서 제일 중요한 것이 사람과 풍경을 다시 보고 필름에 담는 것이라면, '남들처럼' 이 시대의 교통수단을 이용해서 여행하지 말란 법은 없지 않은가? 이미 예순다섯을 넘긴 내가 세상에 무얼 더 증명하겠다고. 사람들 말대로, 명확하게 전달하는 데 말만으로 부족하다면 사진은 충분하단 말인가? 있는 힘을 다해 믿기 힘든 모험담을 글로 썼는데, 독자들은 만족할 줄 모르고 글에서 부족한 것을 이미지로 채워달라고 했다.

그렇지만 이미 얘기했듯, 그럴 욕구가 있다면 다시 긴긴 도보 여행을 하면 된다. 나야 못 말리는 고집불통이니까. 고난은 나를 꼼짝 못하게 옭아매기는커녕, 오히려 채찍질하고 자극하니까.

너그럽게도 항상 때맞추어 나타나는 내 수호천사가 프랑수아 데르모를 이번 여행길에 보내주었을 때 놀라움을 금치 못했다. 푸른 물빛을 띤 아름다운 눈동자를 가진 이 루베Roubaix 출신의 파리 젊은이, 웃는 눈매 덕에 미소년 같은 정직한 청년은 단박에 내 마음을 사로잡았다. 우리는 어느 문학 살롱에서 처음 만나 흥미로운 이야기를 나누었다. 그러고 나서 얼마 뒤 프랑수아에게 만나자고 전화했다. 진지하면서도 장난꾸러기처럼 짓궂은 그는 내 이야기를 신중하게 들었다. 우리는 곧 의기투합했다. 프랑수아는 자기도 도보 여행을 해본 경험이 있다고 했다. 부인 나탈리와 함께 산티아고 데 콤포스텔라Santiago de Compostela(스페인 북서부 갈리시아 지방의 도시로, 예수의 12사도 중 한 사람인 성

야고보의 순교지)로 가는 순례길을 다녀와서 그림책을 내기도 했단다.*

프랑수아의 수채화와 스케치에서 느껴지는 예리한 세계관과 밀도 있고 시적인 표현은 더욱 내 마음을 끌었다. 갑자기 같이 작업을 하면 어떨까 하는 생각이 들었다. 그런데 어떤 계획을 제안해야 할까? 공동 작업이란 아이디어에는 구미가 당겼지만, 어떻게 실행에 옮겨야 할지 방법은 떠오르지 않았다.

어느 날 저녁 그의 집 앞에 있는 아카시아 그늘에서, 같이 여행을 해보자고 결정을 내렸다. 부인 나탈리는 배 속에 있는 아이가 태어난 뒤에 여행을 시작한다는 조건으로 허락해주었다.

5주 후, 그의 아이 잔 데르모가 태어났다. 굵은 선으로 그린 프로젝트에 확실하게 도장을 찍듯이, 하늘의 축복을 받은 어느 날 저녁에. 이제 우리는 우정으로 산을 넘고, 성큼성큼 세상을 누빌 수 있게 되었다.

지체할 이유가 없었다. 부인과 딸들—합쳐서 넷이나 된다!—이 기꺼이 내게 '빌려준' 프랑수아는 정해진 기한인 두 달, 정확히 말해 하루도 더하거나 빼지 않고 9주 후 집으로 돌아와야 했다! 분부대로 할 수밖에.

이제 여행 계획을 짜는 일만 남았는데, 내가 싫어하는 방식을 택할 수밖에 없었다. 걸어서 가는 느린 여행은 단념해야 했다. 거리 단위는 1만 미터가 아니라 100킬로미터가 될 것이고, PC방이 곧 오아시스가 되며, 별이 총총 뜬 노천이나 길에서 우연히 만난 친구의 집에서

• 『산티아고 데 콤포스텔라 여행수첩』, 글레나Glénat, 2003.

보내던 밤은 세계 어디를 가나 넘쳐나는, 이른바 현대식 콘크리트 방에서 보내게 될 것이다. 여행자를 대접하는 것을 당연히 여기는 사람들과 만날 기회도 없을 것이고 사람들은 날 관광객으로만 볼 터이다. 내 꿈은 항상 다른 사람에게 방랑자nomade나 격의 없고 고독한 산책자로 보이는 것인데도. 고독한 여행자!

프랑수아와 마음이 통해 같이 여행하기로 결정한 저녁, 혼자 머릿속으로만 상상의 나래를 펼치던 계획을 실행에 옮기기로는 했지만 나는 고민에 빠졌다. 지나친 열정이 균형을 유지할 수 있을지 곰곰이 생각해보기는 했던가, 재능 있고 호감 가는 화가라는 것만 빼면 제대로 알지도 못하는 이 열정에 찬 사나이와 9주간 함께 여행하며 어떤 일이 생기게 될지 따져보기는 했던가, 예술가들이 괴팍하다는 사실은 세계 어느 나라를 막론하고 너무나도 잘 알려진 사실이지 않은가.

감히 고백하건대, 동양Orient으로 다섯 번째 여행을 떠나기로 결정한 그날 내 기분은 그리 좋지 않았다. 혼자 여행하면서 얻을 수 있는 특권을 더 이상 누리지 못하고, 가이드와 운전기사와 호흡을 맞춰 여행해야 한다고 생각하자 가슴이 답답해졌다. 무슨 일이라도 생기면 어떻게 하나? 동반자를 책임져야 한다는 중압감에 따른 불안으로 침울하고, 마음이 괴롭기 그지없었다. 이 친구를 어떤 곤경에 빠뜨리기라도 한다면! 혼자 여행하면 무엇보다 소중한 자유를 얻게 된다. 무슨 일이 있더라도 나 자신만 책임지면 된다. 그러나 갓 태어난 잔에게 아빠를 건강한 상태로 요람까지 데려오겠다고 약속했다.

네 번의 장기간 도보 여행을 하면서 내게도 믿는 구석이 생겼다. 고된 여행일수록 거짓과 위선보다는 내밀한 진실이 더 많이 존재한다는 것을. 그리고 세계가 품고 있는 거대한 신비를 더 많이 맞닥뜨리고, 진실한 만남이 이루어지는 기적의 시간을 더 많이 보내게 된다는 것을.

터키로 출발하기 전까지, 나는 몇 주간 그렇게 혼자서 중얼거렸다. 그런데 이스탄불행 비행기에서 프랑수아가 자기는 식성이 까다롭지 않지만 양고기는 질색이라고 말했을 때, 여행의 성공에 관한 두려움이 어찌나 심각해졌는지 순간 되돌아갈 생각마저 들었다. 중국의 국경까지, 그러니까 여행의 5분의 4에 해당하는 기간 동안 이런 생각은 늘 머릿속에 잠복할 것이다. 기분이 우울하니 조그만 것도 과장해 부정적으로 보는 거라 할지도 모르겠다. 그럴 때 사람은 바퀴벌레를 봐도 무시무시한 캉갈Kangal이라 하고, 조그만 소나기구름만 나타나도 폭풍이 몰려올 전조로 본다고 말이다.

5월 1일 이스탄불. 여행 첫날엔 운이 따르지 않았다. 터키에 도착해보니 불운의 공범인 항공사가 파리에서 우리 짐을 싣지 않고 왔다는 날벼락 같은 소식을 전했다. '다음 날' 짐을 찾아야 했다. 안 좋은 일이 생길 거라는 내 예감이 아주 틀린 것은 아니었다. 끊임없이 프랑수아네 집의 아카시아 아래서 보낸 저녁을 떠올렸다. 웃음과 승리의 기쁨과 행복이 약속된 듯 미래를 그리던 그날 저녁을. 세상이 내 발아래 있고, 세상이 내 것이던 어린 시절의 햇살 가득한 오후를. 드디어 어제까지도 머리에서 떠나지 않았던 걱정이 모습을 감췄다. 난 이번 여행을 떠나고 싶었고, 준비도 꼼꼼히 열심히 했다. 프랑수아는 활기차고 재미있는 사람이다. 5월 초의 공기는 따스하고 나른하다. 그런데 어쩌자고 몹쓸 소리만 늘어놓느냐는 말이다! 도대체 가방은 어디다 쓰겠다고! 5년 전, 빛바랜 낡은 배낭 하나만 달랑 메고 떠났을 때는 어떻게 여행을 했단 말인가. 모든 것을 훌훌 털어내고 가볍게 떠나야 한다는 사실을 기억하자.

인간을 움직이는 기제를 파악하기 위해서 여행을 나선 것이 아닐까? 여전히 유럽과 아시아 사이에 머물러 있지만 터키의 도시 중에는 가장 유럽화된, 내게 친근한 이 거대 도시의 은밀함 때문이 아닐까? 기도 시간이 되면 깎아지른 듯한 탁심Taksim의 비탈에 세워진 이슬람 사원의 첨탑에서 "알라후 아크바르Allāhu Akbar(신은 위대하다)"를 외치는 사제의 부름 때문이 아닐까? 그건 알 수 없지만, 늘 나를 사로잡았던 동방의 매력은 지금도 여전하다.

평온한 마음으로 프랑수아와 함께 우리를 이란 국경까지 안내해줄 가이드인 제롬을 만나러 갔다. 우리 가이드는 아주 유능한 사람이었다. 또 카메라를 다루는 솜씨가 전문가 수준이었는데, 내게는 무엇보다 반가운 일이었다. 프랑수아가 그림 솜씨가 훌륭하니 나도 그에 상응해 사진가를 자청한 터였다. 말은 그렇게 했지만 막상 카메라에 대해 아는 것은 별로 없었다. 파리를 떠나기 사흘 전에야 어떻게 쓰는지도 잘 모르면서 서둘러 전문가용 카메라를 사들였다. 고맙게도 제롬은 내 무지함을 모르는 척해주었다. 제롬에 대한 칭찬은 아무리 해도 모자랄 것이다. 이번 여행 기간 찍게 될 필름 양이 상당한데, 제롬이 그걸 도맡게 되었으니. 프랑수아와 제롬. 내게 고독이 아무리 소중한 것이라 할지라도 두 사람과 함께해서 순조로운 여행이 되고 있음은 인정한다.

저녁에 제롬의 아파트 테라스에서 피로를 풀었다. 파리에서 온 사람들에게 눈앞의 풍경은 그림 같았다. 프랑수아는 어느새 우리를 잊어버리고 곧바로 그림을 그리기 시작했다. 유럽과 아시아를 가르고, 흑해와 마르마라Marmara 해를 연결하는 유명한 보스포루스Bosphorus 해협—'소의 통행로'라는 뜻으로 그리스 신화에서 유래했다—으로 유명한 카라데니즈 보가지Karadeniz Bogazi를 화폭에 담았다. 이틀 후면 '건너편' 아시아에 갈 것이다. 프랑수아는 처음으로 아시아에 발을 디디게 된다. 5년 전 나는 소형 어업 선단을 빠른 속도로 가르는 작은 페리를 타고 반대쪽 연안의 위스퀴다르Üsküdar로 갔다. 올해에는, 두 대륙을 연결하는 거대한 보스포루스 대교를 달려 해협을 가로지를 것

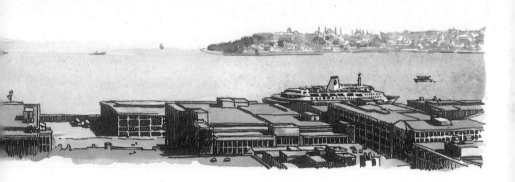

유럽과 아시아를 가르는 보스포루스 해협.
그리스 신화에서 헤라의 분노를 피해 도망치던 제우스의 연인 이오는
소로 변신해 이곳을 헤엄쳐갔다.

이다. 이 다리는 보행자의 출입을 금하고 있다. 공식적인 이유는 보스
포루스 해협에 몸을 던지려고 다리 난간을 기어 올라간 사람이 있었
기 때문이라고 한다.

저녁 시간은 온화하고 화기애애했다. 우리는 많은 사람이 찾는 관
광지에 별다른 흥미를 느끼지 못했다. 시장이나 카페, 잡다한 것을 파
는 구멍가게가 우리의 진정한 박물관이 될 것이다.

벤츠를 타고 백미러에 카메라를 달고 다니는 모습에 예전에 만났
던 사람들이 어리둥절할 수도 있겠다. 하지만 가까이에서 보면, 자동
차는 돈을 아끼려 뚝딱뚝딱 손을 본 초라한 몰골이고, 카메라는—앞
에서도 말한 것처럼—작동법을 몰랐다.

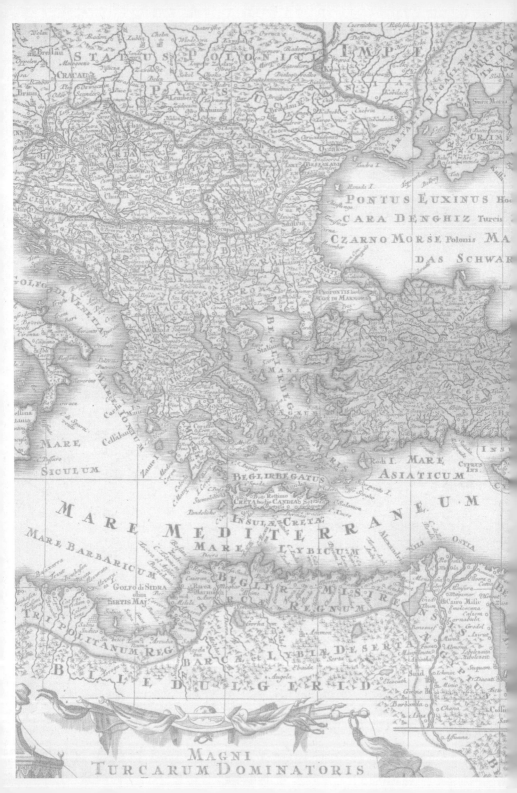

Turkey

터키

☪

길은 거대한 고원을 가로지른다

"알라후 아크바르!"
하루 다섯 번 이슬람의 사제는 사원 첨탑에 올라
"신은 위대하시다!"라는 소리로 기도 시간을 알린다.

이집션 바자르

☪

Istanbul

5월 2일 이스탄불. 이곳의 시계는 서양 시계와 같은 리듬으로 돌아가지 않는다. 그것이 아시아의 특징이다. 바글거리는 사람들을 보면, 이 세상에서 자신이 차지하는 공간이 얼마나 소소한지 깨달을 수밖에 없다. 하지만 유심히 지켜보면, 한 사람 한 사람의 생활 속도는 느림 그 자체다. 거의 마비된 것 같은 느린 걸음으로 고집스럽게 자리를 차지해서 공간을 확장해간다. 느리되 고집스러운 것이다. 사람들은 무료하게 걷는 것이 아니다. 일을 하고 있다. 서양에서는 빈둥거리거나 뛰는데 말이다.

이스탄불의 이집션 바자르Egyption Bazzaar(향료 시장으로 유명하다)에서는 보석이 반짝거리고, 값싼 물건들이 조악한 광채를 뿜어내며 모습을 드러내고, 산처럼 쌓인 싸구려 설탕 과자 냄새가 사방에 풍겼다. 좀 더 위쪽에 있는, '도시 상인'의 정신 그 자체인 그랜드 바자르에서 프랑수아가 열심히 그림을 그리고 있다. 잘 정돈되어 있지만 무질서해 보이는 시장의 에너지는 이 친구를 매혹해 무엇이든 종이 위에 옮기게 했다.

17세기에 이곳에 머물렀던 터키의 여행 작가 에울리야 첼레비Evliya Çelebi에 따르면, 당시 이스탄불에는 556개의 바자르가 있었으며, 바자르마다 전문으로 파는 물건이 있었다. 이스탄불에서 시안까지 다양한 민족, 정치 제도, 종교가 있지만 한 가지 열정이 이 모든 도시를 하나로 연결한다. 바로 상거래다.

장사하는 기술을 배우러 학교에 갈 필요는 없다. 이곳에서는 가격은 물론 그 어떤 것도 글로 적혀 있지 않다. 오직 말이 넘쳐날 뿐이다. 바자르에서 주문을 받고 황급히 배달에 나선 차 장수는 작고 동그란 쟁반을 들고 사람들 사이를 요리조리 헤쳐가며 홍차를 배달한다. 차 쟁반들을 연결한 세 가닥의 철사를 고리 하나에 모아서 끼우는데, 차를 나르는 사람은 이 고리를 검지에 끼워 지탱한다. 담배 개비를 낱개로 파는 소상인부터 값비싼 양탄자를 트럭째 실어 나르는 대상인까지, 동양 사회에서 상인은 최고의 지위를 차지한다. 경쟁은 치열하지만, 누구도 이를 개의치 않는다. 그들의 능란한 솜씨는 흥정으로 집중된다. 어디를 가든 어떤 물건이든 흥정한다. 처음에 부른 값을 그대로 주고 물건을 산 사람은 봉 취급을 받을 뿐이다. 끈질기게 물고 늘어질수록 만만치 않은 손님 대접을 받는다. 서양 사람은 절대 흉내조차 낼 수 없는 거래 방식이다.

항구 쪽으로 어슬렁거리며 가다가 벌써 지쳐서, 카라쾨이Karaköy에 있는 아기자기한 분위기의 식당으로 들어갔다. 한 줄로 앉아 물담배를 피우고 있는 사람들은 한가하게 수다를 떨고 있었고—수다는 이들이 제일 좋아하는 소일거리다—어떤 사람은 낮잠을 자고 있었다. 낮잠은 침대에서만 자는 것이 아니다. 작은 의자나 긴 의자 한쪽에서

도 잘 수 있다. 사람들은 등받이를 팔걸이 삼아 한 팔로 기댄 채 깊은
잠에 빠져든다. 식당에 있는 나머지 사람들은 터키식 도미노 게임인
오케이okey를 하느라 여념이 없다. 남자들이 아주 좋아하는 게임이다.
식당에 앉아 오래도록 사람들을 지켜보면서 우리는 차츰 몽롱하고
평온한 명상 속으로 빠져들었다.

이스탄불 카라쾨이에 있는 카페.
수다와 도박, 흡연이 가능한 카페는 남자들의 공간이다.

침대가 아닌 카페 의자에서 잠시 얻는 평온함.

나무꾼 철학자

☾ ⋆

Istanbul

오늘 아침, 모든 것이 고요하다. 떠오르는 태양은 운하 양쪽의 어두운 베일을 거두었다. 우리는 보스포루스 대교를 달렸다. 엊저녁 텔레비전에서 절망에 빠져 이 다리에서 뛰어내리려는 한 남자와 그의 아이를 경찰 병력이 에워싼 모습이 방영되었다. 강변의 고급 빌라가 화려한 서양 궁전 같은 자태를 뽐냈다.

더 멀리로는, 불법 판자촌이 삐죽삐죽 제멋대로 솟아 있다. 하지만 판자촌은 마피아의 허락이 없으면 지을 수 없다. 오스만제국 시대 이래 단 하룻밤 만에 지어 올린 집, 즉 게세콘두스gecekondus는 허물어뜨릴 수 없었다. 대도시 주변에 빈민촌이 늘어남에 따라 관련 법규가 제정되었다. 하지만 불법 건축업자는 여전히 활개 치고 있다. 요즘은 허가를 받고 짓는 집 한 채당 불법 건축물 다섯 채가 생겨나는 추세라고 한다.

이스탄불을 떠날 때마다 오래된 옷을 벗어버리는 듯한 서운한 마음이 든다. 수많은 사건으로 얼룩진 이스탄불의 과거가 생생한 흔적으로 남아 있기 때문일까? 역사학자들은 이스탄불의 쇠락이 십자군이 콘스탄티노플을 점령한 날(1203)부터 시작되었고 터키인의 점령 (1923)으로 '현대'가 도래했다는 데 의견을 같이한다. 과연 현대라는 이름의 건축학적인 빈곤이 어디까지 계속될지······. 유스티니아누스 1세 Justianus I(483~565) 시대에 건립된 웅장한 성 소피아 대성당이나 오스만제국 시대의 집을 보라. 다행스럽게도 유네스코 세계문화유산으로 지정된 덕분에 이 도시의 유서 깊은 건축물은 폐허가 될 처지에서 구출되었다. 요즘에 지은 역겨운 건물들과 비교해보길. 아름다움과는 거리가 먼 추한 집들이 터키 전역에 퍼져 있다. 획일화로는 예술을 꽃피울 수 없으리라.

5년 전, 이스탄불에서 동쪽으로 50킬로미터 떨어진 숲 속의 공터에서 전기톱으로 나무를 베고 있는 나무꾼 두 사람을 만난 적이 있다. 나무꾼이 나무를 베는 모습이야 평범하기 그지없는 풍경이었다. 하지만 내가 만난 그 두 사람은 평범하지 않았다.

모스타파는 나를 데리고 숲을 가로질러 가는 지름길을 알려주었다. 대도시에 식수를 공급하기 위한 저수지 공사가 한창이었기에 지도만 보고 갔다가는 50킬로미터를 돌아갈 뻔했다. 그는 또 잔다르마 Jandarma(터키의 특수부대)의 검문에 맞서 내 사정을 설명해주었다. 군인들은 어디를 가든 걸핏하면 싸움을 거는 사람들이니 큰 도움을 받은 셈이다.

모스타파의 친구인 셀림은 나를 깜짝 놀라게 한 인물이다. 셀림은 생각도 못 하겠지만, 올해 다시 이 여행길에 오르기로 마음을 굳히게 된 이유 중 하나는 다시 한 번 셀림을 만나고 싶다는 바람 때문이었

개발 열풍에 휩싸인 역사 도시 이스탄불의 과거.
오스만 양식의 목조 주택.

다. 셀림 같은 사람은 세상을 달리 볼 수 있도록 해준다. 나는 머리가 벗겨진 그의 잘생긴 두상을 참 좋아한다. 사람을 꿰뚫어 보고 마음을 휘어잡는 깊은 눈매 역시.

프랑수아와 제롬 그리고 나는 이 소박한 마을을 찾기 전까지 한참 길을 헤맸다. 터키 지도의 부정확성은 사람을 엄청나게 골탕 먹인다. 엎어지면 코 닿을 거리에 있는 곳도 못 찾기 일쑤다.

밭 가장자리에 있는 폐가처럼 보이는 초라한 집 앞에 도착한 것은 아주 늦은 시간이었다. 바로 이 집이었다. 맨발에 이틀은 면도를 하지 않은 듯 덥수룩한 수염—서양에서 꽤 멋스럽게 보이는 이런 수염을 터키에서는 흔히 볼 수 있다—, 건장한 몸에 아무렇게나 옷을 걸친 남자가 나왔다. 우리를 보고 함박웃음을 짓자 누런 이뿌리까지 드러났다.

"부유룸, 부유룸(들어와요, 들어와)!"

첫 번째 방에는—손바닥만 한 이 방은 침실이자 부엌, 거실이기도 했다—먼지 더미에 잡동사니들이 아무렇게나 쌓여 있었다. 잠자는 숲 속의 공주가 깨어나서 발견할 것 같은 먼지 더미였다. 너무 좁아 게걸음으로 지나가야 하는 통로—미적인 고려가 전혀 안 된 벽은 속살을 드러내고 있었다—를 거쳐, 우리의 나무꾼 친구에게 성소聖所나 다름없는 장소에 다다랐다. 바로 그의 서재다. 컴퓨터와 전화기가 놓여 있는 책상, 의자 세 개 그리고 책장. 가구는 그게 전부였다. 방 주인이 왕처럼 머무는 곳이었다.

그는 1년 전부터 자기가 소유한 조그만 숲을 친구에게 맡겼다고 한다. 그 친구는 숲의 나무를 베고 번 돈의 절반을 가져다준다고 한

자연을 사랑하고 책을 사랑하는
숲 속의 현자, 셀림.

다. 직업상 친구인 것이다. 마음이 맞는 진실한 친구는 니체, 헤겔, 헤라클레이토스, 소크라테스다. 셀림은 그들을 만나기 위해 새로운 책을 찾아 히치하이크로 이스탄불까지 가기도 한다.

셀림은 광인狂人이다. 아니면 현자이거나. 그 둘이 한 사람일 때가 많으니 말이다. 그는 겉모습에 신경 쓰지 않는다. 숲에서 계속 혼자 살면서, 겉으로 드러나는 것보다 내면이 중요하고, 자기 안의 어떤 것에도 의문을 가져야 한다는 것을 깨달았기 때문이다. 그는 마치 승리를 부르짖는 전사처럼 "나는 내 인생을 학문 연구에 바치고 싶어요!" 하고 말한다. "모든 민족은 로빈 후드나 넬슨 만델라, 잔 다르크 같은 초인적인 영웅을 가져야 해요!" 낡은 스웨터 속에 뼈만 앙상한 긴 팔을 올리며 열변을 토했다. 셀림은 세상에 대해 화가 난 것이 아니다. 그렇게 공격적인 사람이 못 된다. 단지 곳곳에 만연한 무기력에 분개했을 뿐.

그는 오스만제국 시대에 이미 퇴화하기 시작한 터키어가 이제 사라져가고 있다고 했다. 터키어를 제대로 구사하는 기자가 없다는 사실을 한탄했다. 회크살란Höksalan 교수의 작업도 실망스럽기는 마찬가지라고 한다. 이 친구의 말대로라면, 메메드 2세Mehmed II (1432~1481. 오스만제국의 술탄으로 십자군에게 콘스탄티노플을 탈환했다) 때부터 터키어

나무꾼 철학자의 작은 우주. 셸림의 서재.

는 망가지기 시작했다. 5세기 이상 언어의 퇴화가 계속되었다니! 그는 잘못된 문장을 쓴 기자를 질책하기도 했다고 한다. 돈키호테 같은 이 친구가 독자에게는 잘못을 보면 참지 못하는 엄격한 교정자로 비칠지도 모르겠다. 사실은 그렇지 않다. 이 순진한 남자에게 독설이나 신랄함 같은 건 없다. 그보다는 당신을 저 높은 곳으로 이끌어 선각자로 만들고자 하는 열렬한 신앙에 불타는 성 베르나르두스Bernardus(1090~1153. 프랑스의 신비주의 성직자) 쪽에 가깝다. 셀림은 인간을 사랑하는 은둔자이기 때문이다. 따라서 그는 자신의 의무에 따라 사람들에게 외치는 것이다. "조심해요. 당신들은 잘못된 길을 가고 있어요! 언어는 바로 말이에요. 말은 정신이고요. 정신은 인간의 특성입니다. 언어를 말살하면 인간에 내재한 동물성을 부추기게 됩니다!"

아무리 몽롱한 상태라고 해도, 어느 누가 우리의 나무꾼 철학자에게 감히 반기를 들겠는가? 우리 세 사람은 선생님 앞에 있는 어린 학생들처럼 세 시간 동안 셀림과 마주 앉아 입 한 번 뻥긋하지 않고 잠자코 듣고 있었다.

늘 못된 정령이 행복의 문을 두드리러 오듯, 이제 떠나야 할 시간이 되었기에 나는 시계를 쳐다보았다. 걷는 것은 날 매혹하지만, 다른 곳으로 떠나야 할 때마다 나를 옥죈다. 하지만 꼭 기억해야 할 것은, 걸어서 간다고 해도 시간에서 자유로울 수 없다는 것이다. 정해진 날짜에 국경에 닿지 않는다면 비자가 만료되는데, 아직도 국경까지 가야 할 거리는 까마득하다. 그건 다시 말해 결국 시간을 생각하지 않을 수 없다는 것이다.

지난번 여행을 할 때는 늘 갈 길을 계산하며 매일 평균 도보 거리를 따졌다. 발에는 물집이 잡히고 머리는 숫자로 가득한 채 걸었다. 상대가 나무꾼 철학자든 아니든, 세상의 규율과 구속을 잊게 해주는 사람과 나누는 행복한 순간에 안녕을 고하고 길을 나서야 한다. 속도, 이동 거리만 바뀌었을 뿐이다. 과거의 자유는 현재 주어진 자유보다 크지 않았다. 정신만이 자유롭다. 감옥의 구석진 곳이나 산 정상에 있을 때, 맨발이거나 스텝Steppe에서 부는 바람의 채찍을 받으며 말을 탈 때, 여행객을 가득 태운 만원 버스 안에 있을 때나, 허허벌판에서 노새의 등에 올라타 있을 때나, 제롬이 안내하는 아나톨리아 길을 달릴 때나, 자유는 자신에게 달려 있을 뿐이다. 난 차를 싫어하고, 또 그럴 권리가 있다. 하지만 삶이 우리에게 부과하는 고통의 책임을 차에 전가하는 짓은 그만둬야 한다!

기분 좋게 몸을 털고 일어나는 데 시간이 많이 필요하지는 않다. 술술 떠오르는 생각과 비교하면 말이란 얼마나 무거운 것인지. 불평은 털어버리고, 시간에 쫓겨 혼자 끙끙대지 말자고 다짐한 나는 셀림이 자라투스트라에 별로 공감하지 못했지만 공자에 심취했으며, 온갖 생각 끝에 이슬람 사원에 더 이상 가지 않겠노라고 선언하는 것을 잠자코 듣고 있었다. 요즘 셀림이 관심을 갖는 것은 불교라고 한다. 사라진 위인의 영혼은 어디에 자리 잡을까? 아인슈타인이 탄생한 해에 세상을 떠난 제임스 맥스웰James C. Maxwell(1831~1879. 전자기학에 공헌한 스코틀랜드의 물리학자)은 헤겔이 죽은 해에 태어났다. 우리는 모르겠다고 대답했다. 이 말을 듣고 셀림은 화들짝 놀랐다. 마치 우리가 한 번도 이런 의문을 품어보지 않았다고 단언이라도 한 듯.

헤어질 무렵, 셀림은 문턱에 서서 이렇게 말했다. "난 터키어로 책을 쓰는 몽테뉴가 되고 싶어요!"이 말을 들으며 우리는 길을 떠나 옆집에 사는 모스타파 집으로 가서 산뜻한 요구르트 음료수 아이란_{ayran}을 마셨다. 모스타파를 보러 가겠다고 약속한 터였기 때문이다. 서양인의 신의를 보여주어야 한다. 모스타파는 세상의 부_富에 무관심한 셀림과 다르다. 소와 양의 수는 내가 5년 전 들렀을 때보다 두 배로 늘어 있었다. 모스타파는 흐뭇해했고, 우리도 모스타파가 흐뭇해하는 모습에 흐뭇했다. 우리는 깊은 형제애를 느끼며 얼싸안고 작별을 고했다.

'정상적'인 여행

C☀

Istanbul

또 다른 모스타파도 만나고 싶다. 암바르지Ambarci 마을의 바칼bakkal 모스타파. 동네 구멍가게 주인을 뜻하는 바칼은 예전의 프랑스 시골 마을에서 그랬듯이 그 마을 사교의 중심이다. 그의 집에 도착했을 때 가 기억난다. 밭에서 돌아온 그는 장사보다는 만남과 수다의 장으로 많이 이용되는 것처럼 보이는 가게 문을 활짝 열었다. 가게 안은 두 개의 긴 의자가 대부분의 공간을 차지하고 있었다. 그는 날 낚아채듯 이 가게로 데려갔고, 호기심과 두려움을 안고 모여든 마을 아이들이 '외국인을 보려고' 줄을 섰다. 나는 모스타파가 마련해준 다락방의 잠자리에서 그리 사납지 않은 고양이를 동무 삼아 고관대작처럼 자 리 잡고서 어처구니없게도 곯아떨어지고 말았다.

가게 주인 모스타파의 머리와 수염은 조금 희끗희끗해졌지만, 그 의 얼굴에는 여전히 순박함과 친절함, 깊이를 알 수 없는 선함이 묻어 났다.

예전에 내가 다녀간 뒤 얼마 후 지진이 일어나 이 지역에서만 2만 명이 목숨을 잃었다고 한다(터키는 세계적 지진 다발 지역으로 1999년에도

두 명의 모스타파.
셀림의 친구 모스타파와 선량한 구멍가게 주인 모스타파.

큰 지진이 여러 번 일어나 사상자가 수만 명에 이르렀다). 그의 집도 무너졌지
만 모스타파와 부인은 목숨만은 부지했다. 그는 작은 집을 새로 지었
고, 올해 일흔여섯 살이 되었다. 그는 아들이 퇴직했다며 안타까워했
다. 아직 할 일이 많은데 일거리가 없다니 정말 큰일이라며 조심스럽
게 말했다.

　날 다시 만나서 반가워했지만 내 모습을 보고 그리 놀라지도 않았
다. 예전에 걸어서 실크로드를 여행하고 있다 할 때 한참이나 못 믿겠
다는 표정을 짓던 그의 모습이 떠오른다. 이번에 차를 타고 친구와 함
께 온 내 모습이 훨씬 그럴듯했고 따라서 '정상'으로 보였던 것이다.
이제는 내가 어디서 난데없이 나타난 것처럼 보이지 않는 모양이다.
내가 안타까워한 것도 아마 '남들처럼' 여행을 하게 되었다는 사실일
것이다.

세월의 흔적이 느껴지는 대상숙소

☪

Bolu

볼루Bolu의 한khān(대상숙소)은 세월이 흘렀지만 여전히 건재했다. 19세기에 돌로 지은 이 건물은—이 때문에 이름도 타슈 한taşkhān(돌로 지은 대상숙소)이다—정말이지 놀랍다. 세월의 흔적이 고스란히 남아 있는 빨간 기와지붕 아래 흰 돌로 된 2층 건물에는 50개의 방에 장인과 상인 들이 가게를 열었다.

종교 서적과 성물聖物을 파는 무스타파는 외인부대 소속으로 20년간 프랑스에서 생활하다가 성스러운 것에 목말라 성물 가게를 열었다. 제롬이 이슬람교로 개종하겠다는 달콤한 말로 접근하자 우리한테 관심을 보이지 않던 흰옷을 입은 백발노인은 갑자기 의자를 내주고 차를 준비하기 시작했다. 선교 대상이 된 우리는 갑자기 왕이라도 된 듯 융숭한 대접을 받았다. 그는 열한 번째 메카 순례를 마치 무훈이라도 되는 양 흥분해서 얘기했다. 셀림 덕분에 알라신이 이 나라에 있다는 사실을 잊고 있었는데 말이다.

지난번 여행 때 대상숙소를 찾으려고 초조하게 걸어 다니던 기억이 떠올랐다. 그때 묵은 '한'은 내가 만난 최초의 대상숙소였다. '한'

044

을 이용하면서 얻을 수 있는 이점은 이슬람 사원이 옆에 있다는 것
이었다. 대상들의 활동이 시들해져 대상숙소도 차츰 쇠락해가는 와
중에 그나마 양호한 상태의 한이 남아 있는 것은 바로 이웃에 이슬람
사원이 있는 경우다. 역사와 건축학적인 의미를 고려해 이 '한'을 고
급 호텔로 개조한 것은 최근의 일이다.

　　지난번 게레데Gérédé에 갔을 때는 이 마을에 딱 하나밖에 없는 호텔
에 묵었다. 벌레가 갉아먹어 무너져 내릴 듯한 현관 아래를 아슬아슬
하게 통과해 셰이트가 관리하는 멋진 대상숙소를 발견했다. 작은 키
에 바짝 마른 체구, 좀먹은 듯한 모양의 수염을 기른 셰이트는 자신의
자랑인 대상숙소에 대해 설명할 기회가 생겨 뿌듯한 모양이었다. 하
지만 자랑하는 법을 잘 몰랐다.

게레데의 대상숙소를 지켜온 셰이트.
멋진 대상숙소만큼이나 훌륭한 남자다.

지붕을 고치려고 2년 전부터
보조금을 기다리고 있는데 아
직 안 나온다고 투덜거렸다. 이
대상숙소는 오스만제국 이전
에 세워진 것으로 지은 지 800
년이 되었다고 한다. 이 '한'의
이름에는 '킬리셀리kiliseli(그리
스정교회의 예배당)'라는 말이 들
어 있는데, 이는 이슬람 사원이
아니라 교회의 재산이었음을
뜻하는 것이라고 한다.

게레데의 800년 된 대상숙소.
시간은 오래된 건물을 호박색으로 바꾸어놓았다.

우연의 연속일까. 장난기 있는 눈매의 셰이트와 새 단장을 하기 위해 주인장의 손길을 기다리는 그의 대상숙소를 오늘 다시 보게 되었으니. 입구에서 가게를 운영하고 있는 아이군Aigun은, 분명히 이 건물을 지은 사람이 기독교 신자라고 했다. 기독교란 그리스정교회를 가리키는 말이다.

그렇다면 기독교 신자는 그리스인이었을까? 아르메니아인이었을까? 아이군은 거기까지는 몰랐지만, 날짜는 분명히 안다고 했다. 1920년에 기독교 신자들이 이 재산을 버리고 떠났다는 것이다. 만약 이 말이 맞다면, 그 사람들은 그리스인이다. 아르메니아인을 물리친 것이 그보다 5년 전 일이니까. 하지만 프랑스 국립과학연구센터의 대상숙소 전문가인 마틸드 피농Mathilde Pinon은 이스탄불에서 만난 자리에서, 기독교 신자들이 지은 '한'은 금시초문이라고 했다. 하지만 이 건물의 창문 위에 있는 돌에는 옛날에 이곳이 예배당이었음을 말해주듯 십자가가 새겨져 있었다.

오래된 개혁의 고향

Safranbolu

베흐체트를 다시 만나지 않고 터키를 떠날 수는 없을 것이다. 얼마 전 그가 사는 하지함자Haci Hamsa 마을에 들렀던 프랑스 사람들이, 『나는 걷는다』 1권에서 내가 베흐체트와 만나는 장면을 묘사한 부분을 읽어주었다고 한다. 베흐체트가 외쳤다. "나한테 책을 주시오. 그래야 마을 도서관에 가져다 주지!" 성벽 위에 나무로 지은 아름다운 집—무너지기 직전이었다—이 즐비한 이 요새 마을의 길을 누비고 다닌 후, 그를 만났다. 다시 만난 우리의 친구는 반가워 어쩔 줄 몰라했다. 우리 친구의 모습을 보라. 이처럼 영적이고, 생기 가득하고, 호기심에 찬 눈을 본 일이 있는가? 올해 여든두 살로, 씩씩한 걸음걸이에, 어린애 같은 호기심으로 가득하고, 선량하기 그지없는 사람. 우리를 자기 집 말고 다른 데서 자게 내버려두는 것은 이 친구에게 생각할 수도 없는 일이다. 커다란 방은 즉시 공동 침실로 바뀌었고, 가족들은 우리를 맞이하기 위해 모두 모였다. 두 손자는 프랑수아가 연필로 자기 할아버지의 초상화를 그리는 모습을 신기한 듯 쳐다보았다. 『나는 걷는다』 한 권을 베흐체트에게 건네자, 그는 그 책이 보물이나

생기 가득하고, 호기심에 찬
여든두 살의 내 친구, 베흐체트.

되는 듯 조심스럽게 받았다.

다음 날 아침, 베흐체트는 새벽부터 일어나 우리를 위해 진수성찬을 준비하고, 우리를 어떻게 해야 오래 잡아둘 수 있을지 궁리하느라 안절부절못했다. 우리가 차에 오르자, 아무 말 없이 5킬로그램짜리 쌀 세 자루를 주었는데, 분명 우리한테 주려고 준비해둔 것임에 틀림없었다. 나도 역시 묵묵히 눈으로 고맙다는 인사를 전했고, 우리 둘은 침묵 속에서 상대에 대한 존경을 표했다. 나는 슬펐지만 뜨거운 포옹을 마치고 차에 오를 수 있었다. 다시 오겠다고 약속을 했기 때문이다. 다음에 올 때는 프랑수아가 그린 그림을 가지고 올 것이다.

사프란볼루Safranbolu. 오스만제국 시절에 부를 누렸던 도시. 이 도시로 이어지는 길은 실크로드에 속했다. 대상들은 금을 비롯해 온갖 보석류와 상아, 산호를 싣고 동방으로 출발했고, 서양으로 가는 대상들은 모피, 청동 무기, 향신료를 싣고 출발했다. 사프란볼루는 그 이름을 통해 알 수 있듯이 사프란을 전문으로 교역하던 곳인데, 당시 사프란 가격은 금값에 버금갔다. 목재로 지어진 집들은 프랑수아가 이스탄불에서 그린 집들과 같은 모습인데, 대부분 허물어질 듯 위태로

워 보였다. 사프란 무역이 몰락하면서—사프란에는 두 가지 종류가 있다. 진짜 사프란과 가짜 사프란이다—도시는 고원으로 이동해서 산업화의 대열에 합류했다.

아름다운 오스만 양식의 집들은 긴 잠에 빠져들었다. 그중 몇 채는 고원에 불어닥치는 매서운 겨울바람을 피해서 온 가족들 덕분에 재난의 위기에서 벗어나 건재할 수 있었다. 얼마 전 유네스코 세계문화유산으로 등록된 사프란볼루는 관광지가 되었다. 수공품을 만드는 수공업자나 말끔한 가게, 호텔 들은 바로 이곳이 관광지임을 보여주는 증거다. 다 무너져가는 집의 주인들은 자기가 보물을 가지고 있었다는 사실에 놀라 앞으로 벌어들일 돈을 생각하며 집을 수리했다.

세월의 흔적이 고스란히 남아 있는 목재 건물에 숙소를 정했다. 알프스에 있는 산장처럼 아늑한 느낌을 주는 건물이었다. 1층 입구에서 신발을 벗고 실내화로 갈아 신고, 신발은 얌전히 신발장에 정돈해야 한다. 로마에서는 로마법을 따르고, 터키에서는 터키법을 따라야 한다.

풋고추, 피망, 양파, 짙은 보라색 당근에 마늘 즙을 뿌려 요리한 음식을 식당에서 저녁으로 먹었다. 이 식당도 전통 음식을 내놓는 것 같았다. 아침이 되자 제롬은 우리를 이끌고 달음박질로 언덕을 올랐다. 마을의 경계에서 마지막 사프란 재배가 한창이었다. 오렌지색 암술머리는 지금도 금값이다.

아마시아Amasya는 19세기에 인구 7만 5000명이 살았다. 바그다드에서 시작되어 흑해를 넘어 트라브존Trabzon까지 연결되는 경로와 이란의 서쪽을 연결하는 길의 두 실크로드가 교차하던 곳이다.

1923년 당시 아마시아의 인구는 1만 5000명이었다. 이곳은 무스타파 케말Mustafa Kemal(1881~1938. 터키 공화국의 창시자이자 초대 대통령), 즉 아타튀르크Atatürk('터키인의 아버지'라는 뜻)를 도와 군주제를 폐지하고 공화국을 창설해 종교 심판을 보류하고, 일부다처제를 폐지하고, 유럽적 특성과 서양식 복장을 도입할 수 있도록 하려는 젊은 터키인들이 처음으로 집회를 열었던 곳이다.

아마시아는 버드나무와 포도나무가 나란히 서 있는 원곡圓谷 초목지대로, 고원까지 곧장 올라온 연기는 바람이 잠재우거나 다른 곳으로 싣고 간다. 이곳은 목가牧歌의 정수를 보여주는 곳이다.

강을 따라 길게 한 줄로 늘어선 오스만 양식의 집들 그리고 절벽 위에 버려진 폰투스 왕조Pontus dynasty(기원전 아나톨리아 지방 북동부에 있던 왕국)의 동굴 묘지……. 이 묘지들은 오랜 세월 능욕을 당한 끝에 꽃들로 장식된 동굴처럼 보인다.

우리가 묵은 집의 주인인 알리 카밀 얄친은 건축가로, 과거 고향 마을의 아름다움을 완성했던 모든 자산에 애정을 가지고 있다. 꾸준한 손질과 섬세한 미적 취향으로 이 옛집을 단장해 현재 일크 펜션Ilk Pansiyon을 운영하고 있다. 그는 아나톨리아 지방 정부가 전통 유산에 관심이 부족하고, 오스만제국 시대의 건축물 보호 프로젝트를 마련하지 않았다고 탄식했다.

"이제 이 나라에 콘크리트 말고 다른 재료로 벽을 세울 줄 아는 인부를 찾는 일은 불가능해졌어요."

우리가 합창하듯 동시에 말했다.

"그런 인부는 서양에서도 찾아볼 수 없어요."

"정말이에요?"

그가 믿지 못하겠다는 듯 물었다. 정말 그렇다. 많은 사람이 동조하는 '기술'이라는 현대의 신화는 상상과 시적인 몽상만으로 작동되었던 선조의 '행위'를 말살했다.

"모든 게 잘못 돌아가고 있어요."

그가 결론을 내렸다. 그 말에 동의한다. 하지만 신은 적절한 때에 우리를 이끌어주고, 아무리 절망스런 상태일지라도 외면해서는 안된다고 입김을 불어넣는다. 길을 떠나면서 펜션의 문턱에서 그에게 격려의 말을 전했다.

"하지만 모든 것이 잘못되어갈 때 또한 모든 것이 다시 가능해지는 법이라오."

그런데 나도 이런 말을 하며 그 말을 믿기 시작했다. 이번에는, 고집스럽게 미美를 추구하는 이 남자가 내게 활력을 되찾아준 것이다. '진리'를 추구하는 나무꾼 철학자 셀림이 그랬던 것처럼.

나는 좀 더 먼 곳, 저 고개를 넘어서
늘 더 푸른 풀을 발견하곤 한다.
하지만 나를 앞으로 떠미는 이 통제되지 않는 충동은
내가 애써 숨기려 하는 어떤 두려움과 뒤섞여 있다.
끝까지 가지 못할지도 모른다는 두려움.
그래서 수전노가 동전을 긁어모으듯
1킬로미터라도 더 모아두는 것이다.

왔노라, 보았노라

☾⋆

Amasya

바람은 풀을 훑고 지나가고 길은 거대한 고원을 가로지른다. 폰투스 왕조의 파르나케스 2세Pharnaces II가, 다시 클레오파트라의 품속으로 달려가려고 조바심을 내는 카이사르에게 패한 이윈뤼Yunlü 마을 근처에는 초록 언덕이 끝없이 펼쳐져 있다.

풀이 삐죽삐죽 자란 이 고원에서 벌어졌던 전투 모습을 상상했다. 아마 이처럼 따뜻하고 구름이 낀 날 저 유명한 전투가 벌어졌으리라. 기원전 47년, 파르나케스 왕은 과거 선조들이 지배했지만 당시 로마인이 장악하고 있던 아르메니아, 카파도키아, 갈라티아를 아우르는 영토 탈환에 나섰다. 로마 원로원은 당시 이집트에 주둔하고 있던 카이사르에게 이 파렴치한을 격퇴하라는 명령을 내린다.

넓게 펼쳐진 초원을 보며 상상에 젖어든다. 우리가 아마시아에서 출발해 따라왔던 이 길을 파르나케스 왕도 당시 수도였던 아마시아에서 똑같이 출발해 왔다면 내 왼쪽에 있었을 것이고, 이윈뤼에서 진지를 구축했던 카이사르는 남쪽에서 왔으니 내 오른쪽에 있었을 것이다. 날이 밝는다. 저 아래 동쪽에서, 안개 속에서 카라바바 산Karababa

이 웅장한 모습을 드러낸다. 기복이 심한 땅에 적군의 군대가 매복하였다. 고원—1,335미터나 된다!—의 바람이 키 작은 풀을 흔들어댄다. 명령이 떨어진다. 로마 부대는 촘촘히 열을 정렬해 전진한다. 그때 파르나케스가 기발한 아이디어를 낸다. 언덕 뒤에 숨겨두었던 무시무시한 전차가 모습을 드러낸다. 지금도 이곳에서 풀을 뜯어 먹으며 자라는 말들처럼 비쩍 마르고 신경이 예민한 작은 말들은 기병의 채찍질에 보병 대열로 돌진한다. 다섯 시간 동안 치열한 전투가 계속된다. 병사들 모두 기진맥진했다.

마침내 로마군이 승리를 거둔다. 그리고 카이사르는, 도도하게, 수많은 병사의 죽음은 잊어버린 듯 전쟁 역사상 가장 짧고 가장 위대한

칼들이 부딪치며 내는 섬광, 죽어가는 병사들의 신음,
쉭쉭 날아가는 화살들, 요란한 채찍 소리……
그날 이후 이 언덕은 2,000년 동안 침묵을 지켜왔다.
카이사르와 파르나케스의 군대가 혈전을 벌인 아마시아 근방의 평원.

문구를 새기도록 한다. "Veni, vidi, vici(왔노라, 보았노라, 이겼노라)." 그
가 지휘한 죽음의 전투와 그의 자만심과 자화자찬을 상상하면 지금
도 소름이 돋는다.

　오래전 피로 얼룩졌던 이 초원이 이제는 평범한 초원처럼 보이는
풍경 앞에서 프랑수아와 함께 무거운 마음으로 이야기를 나누었다.

체온으로 느껴지는 정

C☪

Erencé

후세인 노인도 내게 좋은 추억으로 남아 있다. 관대하고 호의에 찬, 정이 넘치는 이 남자는 예전 여행 때 나를 어찌나 반겼는지 완력까지 행사해 자기 집까지 끌고 갔었다. 누구든 후세인의 뜨거운 환대에는 저항할 수 없다. 그의 환대는 사람을 에워싸고 따뜻하게 하며, 모든 망설임을 무장 해제시킨다. 1999년에 이윈뢰의 어느 골목길을 에둘러 가다가 그를 만났는데, 그곳은 멋대로 상상하자면, 카이사르가 과거 전투를 벌이기 전 진지를 마련했던 곳이다. 후세인 노인은 바닥에 앉아 머리는 자기 집 벽의 그늘에 두고 맨발은 그늘 밖으로 내놓은 채 길을 막고서 칼날처럼 예리한 손도끼로 삼지창같이 생긴 건초용 갈퀴를 다듬고 있었다. 뭉툭한 세 날 가운데, 바깥쪽으로 뻗은 양쪽 날은 아래로, 가운데 날은 위쪽으로 약간 휘어 있었다. 작은 덤불이 위로 자라는 것을 막고 형태를 잡아 말리는 데 3년이 걸렸다고 한다.

　그는 그새 머리도 하얗게 셌고, 이가 세 개는 더 빠져 이제 열 개 정도밖에 남지 않았지만, 대가족에 둘러싸여 아주 평온한 노년을 보내는 가장의 모습이었다. 경이로운 기억력으로 자손들의 이름을 줄줄

일단 얼싸안고 모든 망설임을
무력하게 만드는 환대의 주인 후세인.

외웠는데, 분명 앞으로도 자자손손 번성할 것이다. 5년 만에 큰딸이 누구누구를 낳았고, 작은딸은 쌍둥이를 낳았고, 그리고 막내딸이 어쩌고저쩌고…….

하지만 찌르레기가 날아다니는 모습을 보는 데 정신이 팔려 옆에서 읊어대는 얘기를 듣는 둥 마는 둥 했더니 후세인이 알아채고 팔을 잡아당겼다. 두 아들이 아직 장가를 못 갔다고 하니 안타까운 표정이라도 지어 보여야 했다. 그가 내 팔을 덥석 잡는 순간 꽤 놀랐다. 그러나 곧 맞닿은 살갗에서 느껴지는 사람의 정을 얼마나 필요로 했는지 깨달으며 감동적인 예전 기억이 되살아났다. 이 남자는 거리낌 없이 몸을 만지며 정을 느끼게 해준다. 이런 모습은 터키에서 흔하게 볼 수 있다. 터키 남자들은 서로 허리를 감싸 안기도 한다.

에렌제Erencé 지방을 지나갈 때 고약한 경험을 한 적이 있다. 누군가 나를 쿠르드 족에 대항하는 테러리스트로 오인해 알라모Alamo(1821년 멕시코에서 독립하려는 미국인 결사대가 반란을 일으킨 곳. 반란은 진압되고 3,000명의 결사대는 전원 전사했다) 요새처럼 경계가 삼엄한 병영으로 끌고 갔던 것이다.

이번에도 내가 이 땅에 들어온 것이 신의 심기를 불편하게 만든 모양이다. 에렌제로 이어지는 길에서—언덕을 내려와 또 다른 비탈길을 올라가는 길이다—알라신이 아예 마음먹고 내려치는 것이라고밖에는 이해할 수 없을 정도로 무시무시한 폭풍우가 우리를 덮쳤다. 흙길은 눈 깜짝할 사이에 스케이트장처럼 죽죽 미끄러지는 진흙탕이 되어버렸다. 오른쪽은 깊이를 헤아릴 수 없는 협곡이요, 왼쪽은 가파른 산등성이었다. 경사면을 따라 얼음장처럼 차가워 보이는 세찬 빗물이 콸콸 흘러내렸다.

차 안에서 '안 좋은 쪽'에 앉아 있던 프랑수아는 현기증이 난다며, 고개를 조금이라도 돌리면 차가 전복되기라도 할 듯 뚫어져라 앞만 쳐다보았다. 뻣뻣하게 굳어버린 제롬도 숨도 제대로 못 쉬고 운전에 집중했다. 운전대를 꼭 잡고 있는 모습을 보니 영화 〈공포의 보수 Le salaire de la peur〉(앙리 조르주 클루조 감독의 1953년 영화. 폭탄 원료를 운반하는 운전사의 긴장감이 잘 그려져 있다)가 떠올랐다.

나는 '좋은 쪽'에 있었지만 역시 마음 놓고 있을 입장은 못 되었다. 자동차가 깊은 구렁 속으로 빠지면, 5년 전에 내 목숨을 앗아가지 못했던 악령들이 이번에는 기어코 복수를 할지도 몰랐다. 내가 다시 에렌제에 꼭 들르려고 한 이유도 순전히 복수의 여신 네메시스에게 맞서기 위해서였는데 말이다. 에렌제의 읍장인 아리프 첼리크의 농가 안마당에서 걸음을 멈췄을 때가 생각났다. 그는 나를 보고는 허겁지겁 전화기로 달려가 헌병대에 구원을 요청했다. 그때는 결국 모든 것이 별 탈 없이 끝났지만, 지금은 트랙터가 지나가면서 만들어놓은 웅덩이에 빨려 들어간 듯한 커다란 돌덩어리가 차량의 아랫부분을 긁어대자 바짝 긴장이 되었다. '화를 자초한 게 아닌가' 하는 생각도 들

경계심 많지만 알고 보면 선량한 친구 아리프.

었다. 다행히 자동차가 튀어 올라 우리를 노리던 진창을 가까스로 피해 갔으니 이제 마음을 가다듬자.

해발 1,600미터인 건너편 산에는 오늘이 5월 10일인데도 아직 눈이 녹지 않았다. 에렌제 마을은 1년의 반은 세계와 분리된 오지다. 곰은 강낭콩을 먹으러 온다. 늑대는 캉갈의 경계 대상이다. 희고 커다란 개 캉갈에게 쫓겨 나도 공포에 떤 적이 있다. 공격을 당한 멧돼지—터키어로 돼지는 프랑스어에서처럼 거친 말로 쓰이기도 해서, 아리프는 이 '욕설'을 발음할 때마다 사과를 했다—는 그 자리에서 썩어갔다. 무장한 병사들이 포진한 마을에서 총을 든 채 이방인을 맞이하는 것은 이상한 일이 아니었다.

읍장 아리프는 이번에도 우리를 보고 깜짝 놀라서 경계했다. 우리에게 총알이라도 날릴 기세였다. 나를 알아보지 못한 것이다. 제롬이 아무리 설명을 해도, 경계의 눈빛을 풀지 않았다. 그러다 어느 순간 예전 기억이 떠올랐는지 마침내 말을 하려고 입을―재미있는 것은 치아가 하나 건너 하나씩 빠진 상태인데, 아래윗니가 엇갈려 빠져 있어 윗니가 있으면 아랫니가 없고 아랫니가 있으면 윗니가 없었다. 입을 다물고 있으면 아래윗니가 꼭 맞았다―열었다. 아리프는 호통을 치듯이―화를 잘 내는 성격이라 늘 폭발 직전의 상태지만―자기한테 미리 알리고 오지 않아 화가 났다고 했다. 미리 알리고 왔으면 양도 잡고 잔치도 준비할 수 있었을 텐데 이렇게 불쑥 나타나는 법이 어디 있느냐고.

"우리는 멧돼지 잔치가 더 좋을 것 같은데!"

이렇게 말하자 마침내 웃음을 터뜨렸다. 아리프는 자기의 사냥 솜씨를 자랑스러워했다. 거기에는 의심의 여지가 없었다. 탄피를 가지러 가더니 불룩 튀어나온 배 위에 두르고 겨우 버클을 잠갔다. 제롬이 카메라를 꺼내 들었다. 아리프는 싱글벙글하며 트랙터 옆에 자리를 잡고, 소의 멱이라도 딸 것 같은 투박한 손으로 총을 들고, 눈은 마치 최면이라도 걸어보려는 듯 오른쪽 지평선에 시선을 단단히 고정했다.

후손에게 사진을 남길 수 있다는 데 흡족해진 그는 차와 빵과 야채에 이어 과일을 내오며 퉁명스러운 말투로―이제는 아리프의 말투가 늘 이렇다는 데 적응이 좀 되었다―많이 들라고 했다. 우리는 예의범절도 잘 모르는 사람처럼 서둘러 갈 길을 재촉하며 일어섰다.

숙명의 삶

$$\left(\begin{smallmatrix} \ast \end{smallmatrix}\right.$$

Erzincan

에르진잔Erzincan에서는 터키 동부 어디에서나 그렇듯, 장사는 아주 진지한 것이어서 여자들에게 맡기는 법이 없다. 여자들 중 몇몇은 시장을 보도록 허락을 받지만, 젊은 여자는 절대 혼자서 장터에 나설 수 없다. 아버지나 오빠, 남동생 또는 삼촌이 항상 따라다닌다.

멋도 없이 넓은 땅에 커다랗게 둥지를 튼 이 마을에서 처음으로 시골 시장을 보았다. 주변 평원은 비옥하고, 곡식과 살구나무가 자라고 있었다. 시장이 열리는 이 마을 광장은 가게로 둘러싸여 있었는데, 물건을 다 판 채소 장수는 번 돈으로 다시 기름이나 소금 같은 생필품이나 공산품, 철물, 옷감 등을 산다. 어떻게 보면 물물 교환으로 경제 활동이 이루어지는 곳이다. 광장 주변에서는 짐수레에 묶여 있는 나귀들이 집으로 돌아가기 전에 뜨거운 차를 홀짝이는 주인을 묵묵히 기다리며 아직도 눈이 녹지 않은 근처 산들을 쳐다보고 있었다.

에르진잔 사람들은 모든 것을 숙명으로 받아들이는 것 같다. 1939년에는 지진으로 이 지방 인구 가운데 3분의 1에 달하는 3만 5000명이 목숨을 잃었고 1992년에는 600명이 죽었다. 그나마 사망자 수

장터는 사람들로 북적거린다.
실크로드의 주요 경로였던 에르진잔의 노천 시장.

가 많이 줄어든 것이다. 그런데도 이곳 사람들은 4층짜리 건물을 짓고—일반 주택에 사는 것은 한물갔고, 아파트가 인기다—앞으로 다가올 지진을 아주 침착하게 기다린다.

에르주룸Erzurum으로 가는 길에 있는 다리가 얼마 전 무너져 내렸다. 쿠르드 족 양치기인 젤랄 이들리즈가 강 건너편에서 가만히만 있었다면, 별문제 없었을 게다. 어제 몰고 왔다는 소 떼는 산비탈에 옹기종기 모여 있었다. 그런데 오늘 아침 여름을 보내는 데 쓸 생필품을 챙겨서 가족들과 도착했을 때, 다리는 무너져 물살에 떠밀려 강바닥에서 구르는 돌로 변해버렸다. 젤랄은 이 모든 것을 알라신께서 잘 알아서 해주시리라 믿고, 또 다른 폭풍우가 몰아닥치기 전에 가족과 물건을 보호하려고 이쪽 편에 텐트를 세웠다.

이곳 생활은 양치기에게는 그리 힘들지 않지만 여자들에게는 다르다. 스카프로 얼굴을 가린 키바르는 임신 3개월째다. 마을에서 아이를 낳으려면 출산 예정일 1주일 전에 산에서 내려가야 한다. 아들 뷔클란과 딸 하티스는 커다란 돌을 뚝딱거리며 말뚝 박기를 돕는다. 여자아이의 눈은 반짝거리는 녹색이다. 쿠르드 족에게서 흔히 보이는 눈 색깔이다. 앞으로 태어날 아이도 이 아이들처럼 터키식 이름을 갖게 될 것이다. 터키 동부에 사는 사람들은 얼마 전까지만 해도 아이들에게 쿠르드식 이름을 지어줄 수 없었다. 불과 얼마 전에야 이 금지령이 해제되었다.

젤랄이 생필품 일부가 강 건너편에 있어 걱정하기에 베흐체트에게 받은 쌀 15킬로그램을 그에게 주었다. 그렇게 할 수 있어 흐뭇했다.

난방 원료인 말린 쇠똥이
담긴 부대

쿠르드 족 양치기 젤랄 이들리즈와 그의 아내.

신기루 같은 도시

C☾

Erzurum

에르주룸으로 곧장 이어지는 넓은 길을 따라갔다. 눈에 덮인 채 사방을 에워싼 산들은 잠자는 도시를 보살피는 것 같았다. 폭풍우가 한바탕 지나간 뒤 맑게 갠 하늘은 한결 개운해 보였다. 20킬로미터가량 떨어진 마을에 옹기종기 모여 있는 집들이 보이기 시작하자, 우리는 서둘러 평평하게 이어진 길을 내달렸다.

동부 터키의 관문인 에르주룸은 이론상 쿠르드 족과 터키인들이 살고 있는 지역의 경계를 이루는 곳이기도 하다. 해발 약 2,000미터에 있는 이 도시는 막 혹독한 겨울을 이겨낸 참이었다. 넉 달 전에는 눈이 엄청나게 내려 건물 2층 높이까지 쌓인 적도 있다고 한다. 주변 마을은 헬리콥터로 생필품을 보급받았다. 안 그래도 수도 앙카라나 경제 중심지 이스탄불에 비해 소외된 도시가 눈 때문에 더더욱 소외될 수밖에 없었다.

하지만 훌륭한 작가들은 이 도시에 관심을 기울였다. 마르코 폴로, 투르네포르Joseph Pitton de Tournefort(1656~1708. 프랑스의 식물학자이자 여행가로, 유럽과 아시아를 여행한 뒤 『식물도감』을 저술했다), 에울리야 첼레비를 우선 떠올릴 수 있다. 이 도시는 다가가면 다가갈수록 외부와 멀어지는 묘한 느낌을 준다. 에르주룸은 지평선에 떠다니는 신기루 같다. 땅에 뿌리를 두지 못해 만질 수 없는 신기루. 흙의 색깔은 이 도시를 둘러싼 주변의 갈색 흙과 별로 구분이 안 된다. 멀리서 보면 여행객의 호기심을 일으킬 만한 건물은 하나도 없다. 터키에서 유명한 이슬람 학교의 첨탑 두 개가 전부다.

지중해와 파미르Pamir(중앙아시아의 고원 지대) 사이라면 어디나 그렇듯, 터키식 목욕탕과 이슬람 사원은 엎어지면 코 닿을 거리에 있다. 줌후리예트Cumhuriyet 거리 근처에 있는 구젤유르트Guzelyurt(아름다운 유르트) 식당은 술을 파는 몇 안 되는 식당 중 하나로, 사업가들이 많이 드나든다. 이곳 사람들은 꽤 새침해 보인다. 여자들은 보통 저녁을 따로 모여서 먹는다. 하지만 어둑하게 땅거미가 질 무렵이면, 러시아나 우크라이나풍의 실루엣이 골목길로―엄격주의가 양산하는 또 다른 모습이다―미끄러져 들어온다. 이들을 '나타샤'라고 한다는데, 그 다음 일은 상상에 맡기겠다.

작은 호텔에서 쉴 곳을 정했다. 공동 세면실에는 손님들 마음대로 쓸 수 있는 비누가 있고, 손을 닦을 수 있는 수건도 있으니 이만하면 최고의 사치를 누리는 셈이다. 그래서 이 호텔에서 이틀을 묵기로 했다. 첫날 아침 다섯 시에 잠에서 깼다. 새벽 기도를 하려고 일어난 주인장 목소리가 하도 쩌렁쩌렁해서 일어나지 않고 버틸 도리가 없었다. 시내를 산책하기로 하고 입구에서 주인장에게 열쇠를 내밀었다. "열쇠는 왜요?" "저녁에 돌아오기 전에 방 청소를 해야 하잖아요." "청소요? 창문 열고 나왔어요?" "네." "그럼 청소는 됐네. 열쇠 가지고 가요."

아타튀르크 대학에서 프랑스어를 가르치는 메흐메트 바키 교수는
같은 대학의 후세인 유르타슈 교수와 빌제한 파묵 박사에게 연락해
우리와 자리를 같이하게 해주었다. 고고학 박사인 파묵은 대상숙소
에 대해 박식했다. 파묵 박사의 얘기를 통해 16세기에는 에르주룸에
대상숙소가 다섯 개 있었고, 여행객을 위한 숙소로 이용되는 집도 엄
청나게 많았다는 것을 알게 되었다. 통행세로 받은 돈은 어마어마한
수입원이었다. 17세기에 에르주룸에서 거둬들인 세금만 해도 오스만
제국 전체 수입의 2퍼센트를 차지했다니 그 규모를 짐작할 수 있을
것이다.

아타튀르크 대학의 고고학자들.
둥근 인상에 가늘고 낮카로운 목소리의 파묵과
매서운 눈, 단호한 어투의 유르타슈.

파묵은 우리를 쳐다보지도 않고, 혼자 중얼거리는 것처럼 가냘프고 단조로운 말투로 얘기했다. 이 사람 전체를 통틀어 날카로운 느낌을 주는 것은 그나마 목소리뿐이었다. 나머지는 둥글둥글한 인상을 주었다. 푹신하고 태평한 존재 그 자체였다. 학자풍의 안경 너머로 반쯤 감긴 눈, 포근해 보이는 천으로 된 흐트러진 셔츠 칼라에 편안히 파묻힌 이중턱은 졸고 있는 살찐 고양이를 연상시켰다. 이런 사람들을 보면 아무것도 안 보고, 아무것도 듣지 않는 것 같지만 실제는 그렇지 않다. 꼼짝도 하지 않고 있기 때문에 존재 자체를 잊어버릴 때도 있다. 하지만 이런 사람들은 모든 것을 보고, 자기 앞이나 뒤에서 행해지는 모든 것을 듣는다. 예전에 내가 다니던 학교에 이 사람과 똑같이 생긴 선생님이 있어서 안다. 파묵과 그의 제자들이 어떨지 쉽게 상상이 간다.

유르타슈는 정반대로 모든 점에서 괴팍했다. 탐욕스러운 얼굴에 매부리코, 먹이를 향해 달려들 준비가 된 솔개처럼 상대를 노려보는 눈. 예의에 벗어나는 일이지만, 난 더 이상 두 학자의 얘기를 듣지 않았다. 한 사람은 시종일관 가늘고 날카로운 목소리로 말했고, 또 한 사람은 크고 단호한 어투로 얘기했다. 프랑수아는 그림으로, 제롬은 카메라로 두 사람을 담고 있었는데, 이들의 말을 '기록'해야 할 나는 거의 졸고 있었다. 늘 좋은 그림 소재를 열심히 찾는 프랑수아가 이를 놓칠 리 없었다. 그의 손이 부지런히 내 모습을 화폭에 담았다.

나의 신과 나의 군대

Doğubeyazit

1999년 어느 날 저녁, 약사 후세인 귀네이가 톡 쏘는 터키식 포도주를 거나하게 걸친 뒤 내게 작별을 고하며 느닷없이 내뱉은 말을 잊지 못한다. "나는 두 가지만 믿는다. 나의 신과 군대." 하지만 신에게 기도를 올리는 것만큼이나 규칙적이고 충실하게 술의 신 바쿠스Bacchus를 받드는 것을 보면 이슬람 교리를 완전히 따르는 것도 아니었다.

후세인은 맛있는 음식과 우정에 목숨 거는 사람이다. 그는 쩌렁쩌렁 울리는 목소리로 세상이 떠나갈 듯 웃어대는 풍채 좋은 남자의 이미지를 가지고 있다. 이 사람이 술을 한잔 마시고 얼큰하게 취했을 때 함께 있으면, 별다른 일이 없던 사람도 그 기세에 눌려 의기소침해지고 자기 자신이 꿔다 놓은 보릿자루 같다는 느낌이 든다. 모든 것을 즐기며 세상을 성큼성큼 활보하고, 술을 벌컥벌컥 들이켜는 이런 정력가 앞에 서면 한없이 작게만 느껴지는 것이다.

나는 프랑스에 돌아가서도 후세인 생각을 종종 했다. 그는 옆에 있는 사람들에게 폭발할 듯한 에너지를 발산하는 사람이었다. 여러분이 이런 유형의 사람 앞에 있다면 모 아니면 도. 상대에게 납작 엎

드리거나, 상대에게 뒤질 새라 고래고래 악을 써야 한다.

후세인은 나를 다시 보자 덥석 안으며 기뻐했다. 약국에서는 젊은 남자들이 후세인을 도와 콩 500킬로그램을 비닐봉지에 담느라 아주 분주했다. 조제실이어야 할 곳이 식료품점이 되어 있었다. 후세인은 놀라는 내 표정을 보고 재미있어 하며 가게 뒤로 데려갔는데, 거기에는 강낭콩, 쌀,

화끈한 성격에 성실한 자선가.
후세인 귀네이는 자기 자신의 신념을
따라 사는 사람이다.

국수 더미가 천장까지 높이 쌓여 있었다. 전쟁이라도 일어나려나? 절대 그렇지 않다. 이슬람 신자로서 선행을 하려는 것뿐이다. 후세인은 은행에 저축해둔 돈이 있을 경우, 매년 이 돈의 40분의 1에 해당되는 금액을 가난한 이에게 나누어주도록 하는 이슬람법을 철저히 따른다. 그는 법이 명하는 바에 따라, 해당 금액을 계산해 그 돈만큼 곡식을 사들였다. 혼자서 도맡아 하는 '마음의 식당resto du cocur(프랑스의 코미디언 콜뤼슈가 동료 연예인과 함께 콘서트를 열어 모은 기금으로 빈민층에 식량을 보급하던 행사. 지금도 매년 열리고 있다)'인 것이다. 우리 셋은 산처럼 쌓인 식량을 보며, 왜 국제법이 이런 법 규정을 회계 모델로 삼지 않았을까 얘기를 나누었다. 스위스 은행에 쌓여 있는 돈의 40분의 1을 최빈국에 나누어주면 어떨까?

터키에서 보내는 마지막 밤, 끔찍한 기억이 떠올랐다. 도우베야즈
트Doğubeyazit에서 죽음의 신이 나를 시험에 들게 한 적이 있었다. 당시
나는 도우베야즈트에서—구급차에 실려 무려 스물세 시간 동안 극심
한 고통으로 뒤틀린 배를 움켜쥐고—이스탄불까지 가야 했다.

이 도시에는 별다른 매력이 없다. 도로에는 군인들이 활보하고, 사
람이라고는 오직 남자밖에 없는 것처럼 보이는 투박한 마을이다. 작
은 시장에도 여자라곤 눈 씻고 봐도 찾을 수 없었다. 프랑수아는 주
변 풍경을 크로키로 옮기는 데 만족했다. 파리에서 예전에 볼 수 있었
던 노점상이 즐비하다. 겉으로 보기에는 대충 쌓은 것 같지만 실제로
는—통조림에 든 정어리나 절인 청어처럼—수수께끼 같은 작은 물
건들을 가지런히 정렬해 쌓아놓고 파는 상인들. 물건의 종류는 가지

노우베야즈느 시니에시 시글 베밀이느 지 밍ㅓ의
잡동사니를 쌓아놓고 파는 노점상.

각색이다. 아동용 자전거에 사용되는 타이어 튜브, 배불뚝이 신사용 멜빵, 건전지, 비눗방울 장난감, 고무줄, 신발 끈, 손전등, 다용도 강판, 나사, 못, 면도날, 차 거름망 등등. 모두 예전부터 필요했지만 어디서 구할 수 있는지 알지 못해 찾아볼 엄두를 내지 못하던 물건들이다.

하지만 여기에 오래 머무를 이유가 없었다. 제롬과 프랑수아와 함께 돌과 뭉게구름 사이를 오가는 환상적인 산책에 나섰다.

　여전히 눈으로 덮인 산등성이에 마을을 내려다보는 궁전이 우뚝
솟아 있다. 카타리파Cathari(중세 가톨릭의 이단으로 알려진 종파)의 성채와
『천일야화』에 등장하는 궁전이 아무렇게나 섞여 있는 듯한 양식이었
다. 투박하면서도 웅장하고, 정교하면서도 야성적인 모습은 이 요새
를 지은 이샤크 파샤Ishak Pacha를 닮았다.
　아버지 콜라크 파샤Colak Abdi Pasha와 아들 이샤크 파샤가 이 요새를 완공하는 데 무려 한 세기가 소요되었다. 늠름한 자태를 자랑하는 이 난공불락의 요새는 적의 공격을 감시하기 위해 만들어졌지만, 1915년과 1918년에 터키 일부를 장악한 러시아인들은 금으로 뒤덮인 문을 탈취하는 데 성공했다. 상트페테르부르크의 에르미타주 국립박물관에 전시된 이 문들은 이런 사정을 알 리 없는 무심한 관광객의 탄성을 자아낸다.

이슬람 사원의 바로크식 쇠시리, 돌에 조각된 아라베스크 문양, 도서관, 도도하게 솟아 있는 첨탑이 있는 이 고고한 저택의 별궁은 여전히 그 위용을 뽐낸다. 하지만 요새의 계단을 따라 물이 끊임없이 흘러내리는 상태인데도, 터키 정부는 얼마 전에야 착수한 복원 작업을 서둘러 끝내려 하지 않는 것 같다. 복원 작업을 끝내는 데도 한 세기가 걸리게 될까?

두 번째 산책 장소로는 전설적인 아라라트Ararat 산 정상을 골랐다. 성서의 「창세기」 8장 4절에 따르면, 노아의 방주가 대홍수 이후 이곳에 닻을 내렸다고 한다. 그것이 사실인지 아닌지는 알 수 없지만, 사람들은 그쯤에서 멈추기를 바랄 수도 있었을 것이다. 5,137미터라는 어마어마한 높이의 산을 넘기에는 무리가 있었을 테니까. 이곳에 머무는 것이 좋은지 아닌지는 다른 문제지만 말이다.

묵묵히 경치를 바라보면서 향수Nostalgia 같은 것을 느꼈다. 위풍당당한 모습이 우리의 마음을 고양하기보다는 오히려 제자리에서 꼼짝도 못하게 만들었다.

이제는 바로 옆에서 우리를 기다리고 있는 이란 국경을 생각해야 한다. 여기서 제롬과 작별해야 한다는 생각에 또다시 슬퍼졌다.

'큰 고통의 산' 아라라트 산.
해발 5,137미터에 달하는 장엄한 산봉우리의 아름다움.
산을 에워싼 점점 엷어지는 흰색은
아무리 봐도 싫증나지 않는 한 폭의 그림 같았다.

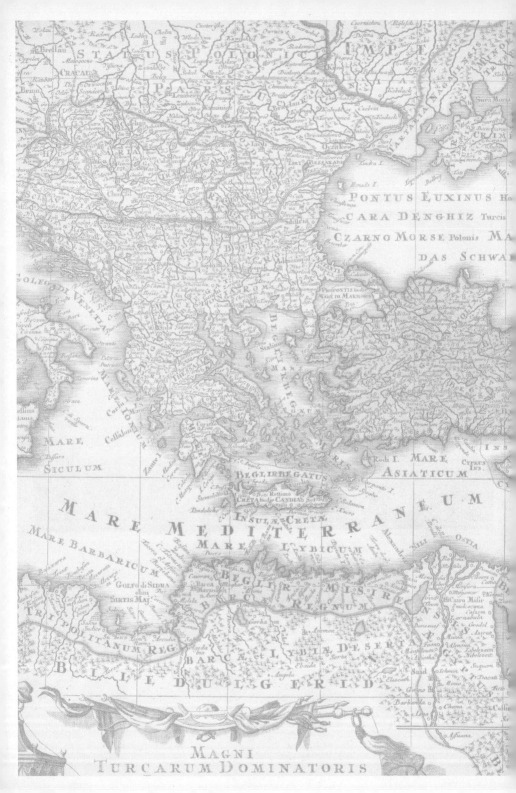

Iran

이란

이 소중한 공간에서 행복할지어다

이란에서 가장 오래되고 아름다운 건물인
타브리즈의 카부드 사원.
푸른색 모자이크 타일이 인상 깊다.

사막에 피어난 문화

Maku

페르시아에서 자연히 꽃피운 유일한 문화는 역설의 문화다. 이것 역시 그 기원에서부터 지리적인 이유로 결정된 것이다. 거의 사막에 가까운 데다, 1년 내내 쾌적한 기후라곤 보기 힘든 험한 산이 군데군데 솟아난 광활하고 메마른 이란 고원 자체만으로는 사람들의 마음을 잡아둘 만한 요소가 하나도 없다. 중국과 인도에서 지중해 세계로 오가는 주요 이동로와 무역로가 만나는 지점에 위치했기 때문에 세계에서 가장 오래된 주요 도시 중 하나요, 풍요로운 문명의 용광로가 될 수 있었다.

　낙관론자들에게는 반가운 일이다. 두 구舊세계의 위대한 문화를 잇는 연결 고리가 된 페르시아는 여러 문화와 접하며 나날이 풍요해졌다. 메소포타미아, 아시리아, 이집트, 그리스―그리스어는 이곳에서 두 세기 이상 공식 언어로 쓰였다―, 유태인의 예루살렘, 로마, 비잔틴, 유목민의 아라비아, 시리아, 이웃 국가 인도, 가장 밀접한 관계를 유지했던 중국―몇 세기 전만 해도 오늘날 아프가니스탄의 국경과 혼재되었던 이란의 동쪽 국경은 중국의 신장과 직접 맞닿아 있었다―과

러시아 남부의 기독교 문명(아르메니아, 조지아)과 더불어 이란과 접촉 하면서 정착 생활을 하게 된 스텝 출신의 모든 유목민―스키타이, 파르티아인, 몽골인, 투르크 족, 투르크멘 족―과 차례로 교류했다.

비관론자와 현실주의자는 이 수많은 교류가 여러 재앙을 불러일으킨 주된 이유라 생각한다. 온갖 침입의 통로가 된 이란은 완전한 평온을 누린 적이 없었다. 이란의 역사는 수세기 동안 전투, 보복 원정, 대학살, 강제 집단 이주로 점철되었다. 강제로 이주하게 된 사람들은 순응하는 법을 배워야 했다. 이를 통해 얻은 유일한 이점은 사물을 상대화하는 뛰어난 감각과 일종의 철학을 갖게 되었다는 것이다.

침략자를 물리치는 최선의 방법은 상대에게 굴복하는 것이라는 사실을 경험으로 체득한 페르시아인은 계속되는 타민족의 지배를 견뎌냈다. 마케도니아, 파르티아, 아랍, 터키, 몽골을 비롯해 여러 민족의 지배를 받았지만 페르시아인은 자신의 정체성을 잃은 적이 없다. 늘 그렇듯 수천 명의 목을 베고 권력을 잡은 새로운 지배자는 문명의 진미를 발견하고 얼마 지나지 않아, 쾌락을 최고의 무기로 가진 이 민족에게 매혹되어 타고난 야만성을 던져버렸다.

이웃 국가의 침략자를 감내하느라 애쓸 필요는 없었지만, 철학자다운 이란인이라 해도 편하게 있을 수는 없었다. 그들의 도시는 아름다웠지만 사막 한가운데 있었다. 이들의 소원은 단 하나, 이웃 나라의 비옥한 초원까지 영토를 확장하는 것이었다. 물이 넘쳐흐르고 정원을 가꿀 수 있는 땅. 서쪽의 비옥한 메소포타미아, 동북쪽의 옥수스 강(지금의 아무다리야 강) 분지와 풍부한 물이 있는 인도는 군침 도는 땅이었다.

결핍을 겪어보지 않고는 절박함을 알 수 없다. 어쩌면 물이 부족한 탓에, 페르시아의 시에서는 그들이 가질 수 없는 정원이 특히 더 많이 등장하는지도 모르겠다. 갈증을 풀어주는 멋진 시구를 소개해본다.

바닷물을 모두 마신 우리는 너무나 놀라웠네
우리 입술이 아직도 해변처럼 메마르다니
어디든 입술을 적실 바다를 찾으러 가세
우리 입술이 해변이고 우리가 바다이니
— 아타르Attār(13세기 페르시아 신비주의 시인)

이란에서 우리를 안내한 쇼레는 장난기 넘치는 여자였다. 제일 먼저 우리를 데려간 곳은 이슬람 땅에 있는 세 개의 성당 중 하나인 가라 켈리사Ghara Kelisa(검은 성당이라는 뜻으로, 공식 명칭은 성 다대오 기념교회)였다. 이 성당은 지난번 여행 때 들렀던 곳이다.

성당은 을씨년스런 언덕에 있다. 나무 한 그루, 뜨거운 태양에 그을린 짧은 풀 한 포기 없다. 멀리서 보면, 배경이 되는 잿빛 산과 대비되는 흰색 돌로 된 원뿔이 먼저 눈에 들어온다. 구불구불한 길을 따라 다가갈수록 아름다운 성당이 차츰 모습을 드러낸다. 왼쪽으로는, 짙은 구름이 걸쳐 있는 계곡으로 시선이 머문다. '검은' 성당은 실제로는 모래색이다. 10세기에 현무암으로 지은 이 성당은—이 때문에 검은 성당이라는 이름이 붙었다—13세기와 17세기에 일어난 지진으로 파손되었다. 검은색 돌은 성당 내부를 둘러싼 벽과, 짙은 색과 밝은 색 고리 모양을 교대로 쌓아 만든 탑에 일부만 다시 사용되었다.

'검은 성당' 가라 켈리사.
근처 아르메니아인들이 예배를 드리는 곳으로,
잿빛 산을 배경으로 한 작은 성당의 비례는 완벽했다.

퇴직 교수 베루즈

Tabriz

우리 운전사인 아흐마드는 프랑스 셰르부르에서 2년간 지내면서 익힌 프랑스어 단어 몇 개를 아직도 기억하고 있었는데, 그 말을 써먹을 수 있어서 즐거워했다. 차를 몰며 떨리는 목소리로, 하루도 빠짐없이 셰르부르 얘기를 했다. 이 사람한테 셰르부르는 알라가 내린 천국의 향기를 맡을 수 있는 곳이었다. 하지만 모순되는 얘기도 아무렇지 않게 했다. 바람에 머리를 흘날리던 노르망디의 젊은 처녀가 얼마나 매력이 넘쳤는지 얘기하면서도—쇼레가 노발대발하는데도—대뜸 이란 여자들은 '차도르'를 좋아한다고 확언했다. 아흐마드는 이란 해군으로서 이란 통치자의 명령을 받아 프랑스의 북쪽 코탕탱Cotentin 항구에서 제작 중이었던 군함에서 일했다. 그가 해군에 남지 못하게 된 것은 두말할 필요도 없다.

우리는 도로에서 엄청나게 많은 트럭 사이를 헤치며 달렸다. 크림색깔의 트럭은 위협적으로 경적을 울려댔다.

타브리즈Tabriz 근처에서 우연히 시골 결혼식을 보게 되었다. 밭에 모인 사람들은 팔을 들어 옆 사람과 새끼손가락을 걸고 함께 춤을 추었다. 하객들은 타블table(북)과 도홀dohol(터키의 조르나와 비슷하게 생긴 목관악기) 연주에 맞춰 풀을 밟으며 즐거운 표정으로 춤을 추었다. 잔치 구경을 하려고 부랴부랴 차에서 내렸다. 사람들은 흔쾌히 우리를 환영해주었다. 예전만 해도 프랑스의 시골에서 느낄 수 있는 분위기였다.

타브리즈는 4년 전에도 들렀던 곳인데 다시 오게 되어 아주 기뻤다. 20세기 초 이란에서 가장 큰 도시였던 이곳은 볼셰비키 혁명이 이스탄불을 비롯한 여러 도시에서 시장 경제를 따르는 부르주아지를 몰아낼 때까지 바자르로 대단한 명성을 떨쳤다.

세상의 어떤 곳이나 마찬가지로, 이곳에서도 시내의 볼거리를 감상하기에 앞서 비참하고 우울한 변두리를 거쳐 가야 한다. 프랑수아

시골 결혼식에서 이란 전통 악기 연주를 들을 수 있었다.
타블과 도홀을 연주하는 남자들 그리고 현악기를 타는 우리의 가이드 쇼레.

는 내가—어쩌면 너무 많이—말했던 블루 모스크를 드디어 보게 되었다. 우리 두 사람 다 유명 건축물을 꼭 찾아다니며 보는 사람은 아니었지만, 인생을 살다 보면 기꺼이 희생을 치러야 할 때도 있는 법이다. 이스탄불에 갔을 때도 프랑수아가 성 소피아 성당을 볼 수 있게 일부러 길을 돌아간 적이 있었다. 타브리즈에 갔을 때 카부드 사원Kabud Mosque(블루 모스크는 별칭이다)을 들르지 않는 것은, 처음으로 파리에 갔는데 에펠탑을 안 보고 돌아오는 것과 같다. 15세기에 지어진 블루 모스크는 20세기 초 지진으로 무너졌다. 무너진 사원은 50년 전부터 복원 중이다.

프랑수아가 그림을 그리는 동안, 나는 긴 의자에 자리를 잡고 앉았다. 내 옆에 있는 남자의 주의 깊고도 짓궂은 눈이 반짝거렸다. 세발자전거를 탄 손자가 세 갈래로 갈라지는 도로에서 최고 속도를 경신할 수 있을지 지켜보는 것 같았다. 남자는 얘기를 하고 싶어 했다. 내가 여기서 뭘 하는지, 또 내 친구는 뭘 하는지 물었다. 조금은 냉소를 띤 채 은퇴를 했다고 내뱉는 남자의 모습은 바자르에 걸려 있는 옛날 양탄자의 이미지였다. 그는 새것보다는 옛것에 더 많은 가치를 두었다. "내가 과장하는 것 같아요?" 남자는 가는 콧수염 아래로 미소를 지으며 물었다. 나는 이 현자의 얘기에 동조하며 차를 대접하고 싶다고 청하고 엘골리 공원 근처에 있는 전형적인 찻집으로 갔다.

그는 오스코 출신이라고 했다. 타브리즈 근처에 있는 이 마을 사람들은 아주 옛날부터 실크를 생산해왔는데 주로 실크 스카프를 만든다고 한다. 사람들은 자신을 간단히 베루즈라고 부르지만, 본디 이름은 아주 길다며 자랑스럽게 보여주었다. 베루즈 사데기 푸르 아미르

압바스 모니 리파르.

베루즈는 차 대접을 받고 가만히 있지 않았다. 우리한테 대접을 잘 받았으니 집에서 식사를 대접하겠다고 초대했다. 그의 집은 작은 아파트였지만, 소파, 안락의자, 의자 등 앉을 데가 많아서 족히 마흔 명은 모일 수 있었다. 이 집주인은 사람 부르기를 좋아하는 듯했다. 분명 엄청나게 많은 사람을 즐겨 부를 것이다. 이 전직 대학 교수는 많은 사람 앞에서 얘기를 할 때마다 자기가 살아 있음을 느낄 수 있단다. 짙은 청색 베일을 두른 부인은 조용히 남편이 하는 얘기를 들으며 고개를 끄덕였다.

베루즈는 공무원이었기 때문에 퇴직 연금을 받을 수 있어, 자식들에게 기대지 않아도 되는 혜택 받은 사람이었다. 대부분의 노인은 자

사려 깊으면서두 지구게 바쁜이는 누욱 가지 베루즈와
조용히 자리를 함께한 그의 부인.

식들이 부양한다. 이란 인구 7000만 명 중 20세 이하의 인구가 3000만 명이다.

상황이 이러니 아이를 가지면 노후를 보장받을 수 있다. "내 얘기가 놀랍습니까?" 베루즈는 프랑스의 연금 제도에 관심이 많았다. 예를 들어 내게 자식이 있냐고 물었다. "네, 아들이 둘이고, 홀아비입니다." "그럼, 두 아들 가운데 한 명이랑 삽니까? 아들 둘은 결혼했습니까?"

내가 자식들과 멀리 떨어져 혼자서 산다는 말이 이상했는지 머리를 설레설레 흔들며 놀라워했다. 자기가 동경해 마지않는 프랑스라는 나라에서 어떻게 노인의 소중함을 잊을 수 있단 말인가? 지혜는 절대 젊은이에게 오지 않는데. 지식도 마찬가지! 젊은이들은 노인을 자주 접하며 성장해야 한다! 그런 사실을 확신하는지, 내게 두 번째 질문을 했다. 프랑스에서 나이 든 부모들이 대부분 '양로원'이라는 데서 사는데 그게 좋은 건가요? 그는 이런 현실을 인정할 수가 없었다. 영어를 못하는 그의 부인은 불안한 눈으로 우리 둘이 나누는 대화를 이해하려고 애썼다.

외국인의 시각으로 우리의 일상을 되돌아보는 것이 절대 무용한 일은 아니다. 『페르시아인의 편지Lettres Persanes』(18세기 프랑스 사상가 몽테스키외의 소설. 이 작품에 등장하는 두 페르시아인은 이방인의 눈으로 프랑스 사회와 풍속을 비판했다)에서도 이미 그렇게 말하지 않았던가.

베루즈의 대접은 융숭하기 그지없었지만, 프랑수아는 바자르의 공기를 마시러 가고 싶어 하는 눈치였다. 그러니 이제 작별을 고해야 했다. 수도 없이 포옹을 하고, 볼에 키스를 하고, 덕담을 주고받고, 인사를 나눈 것은 물론이다.

물라의 부업

Tabriz

13세기부터 16세기 사이, 타브리즈의 바자르는 세상에서 제일 큰 시장 중 하나였다. 타브리즈와 그 바자르는 온갖 일을 다 겪었다. 지진은 물론, 터키, 몽골, 오스만에 이어 러시아의 약탈까지⋯⋯. 이런 약탈을 당하기 전에는 원하는 것은 무엇이든 살 수 있었다. 심지어 타조까지 거래되었다. 타조가 어떻게 이란에 들어오게 되었는지는 모르지만, '마조馬鳥'라는 이름으로 중국 시장에 엄청난 가격에 팔렸다.

　이제는 그 위세를 잃었지만, 바자르는 처음 찾아오는 사람들에게 여전히 마법의 장소로 남아 있다. 바자르는 일을 하거나 물건을 사러 오는 곳이지만, 그 무엇보다 삶의 공간이다. 동양에서 장사는 삶 그 자체다. 자질구레한 10토만toman(이란의 옛 금화로 지금도 통용된다)짜리 물건을 사러 오느라 시간을 허비한다고―하지만 시간을 허비한다고 할 수 있을까?―놀라서는 안 된다. 장사꾼이 단지 물건을 팔려는 목적으로만 당신과 이야기를 하는 게 아님을 이해할 수 있어야 한다. 장사꾼이 그 무엇보다도 원하는 것은 바로 당신과 말을 나누는 것이다. 손에서 손으로 물건이 옮겨 가는 거래는 교환일 뿐이다. 중요한 것은

타브리즈 바자르의 풍경.
시장은 무엇보다 삶의 공간이다.
흥정을 통해 각자 원하는 것을 주고받으며 삶을 나눈다.

유혹을 하려는 사람과 유혹을 당하려는 사람이 함께하는 애정이 깃든 대화다. 거래가 이루어지면, 친근하게 어깨를 토닥거릴 수 있다. 각자 자기가 원하는 것을 얻었다는 뜻이다.

미로 같은 좁은 골목길에서, 예전에 만났던 물라mullah(이란과 중앙아시아에서 보통 '군주'를 부르는 말로, 이슬람 종교학자나 성직자에게도 붙이는 칭호다)를 찾아보았다. 날 아연실색하게 했던 물라의 부업이 떠오른다. 그의 부업은 '중매'를 서는 것이다. 사연은 이렇다. 이슬람법은 혼외정사를 엄격히 금지한다. 아이가 없는 과부는―서양이나 동양이나 여자들이 남자보다 더 오래 산다―생활비를 벌어다 줄 사람이 없어 완전히 무일푼으로 남게 된다. 이곳에서 여자들은 거의 일을 하지 않는다. 그럴 때는 빨리 남편 하나를 구해야 한다. 따라서 상을 당해 눈물로 지새던 여자는 물라를 찾아가 상담을 한다.

시장의 이 구역에는 돈 많은 남자가 많은데, 대부분 양탄자 상인들이다. 이들은 죄를 짓지 않고 좀 더 다양하게 성생활을 즐기려고 한다. 그래서 '따로 떼어놓은' 여자를 제공하는 물라를 찾아간다. 일이 성사되면 물라는 시게sighe, 즉 '일시적인 결혼'을 대가로 지참금의 10퍼센트를 받는데, 이는 이슬람법에 합당한 것이다.

정력가들은 소개로 만난 '부인'과 밤을 보낸 뒤 새벽이 되자마자 이혼을 할 수 있다. 이혼을 할 때도 물라의 주머니로 들어가는 '중개료'를 지불해야 하지만 이는 성스러운 가난을 설교하는 이 종교 집단을 유지하는 양식인 셈이다.

바자르에서 나와 엘골리 공원에 갔다. 날씨가 꽤 쌀쌀했다. 가는 빗줄기가 쏟아져서 그런지, 보통 금요일이면 사람들로 바글대던 공원이 한적했다. 페달 보트에 열광하는 몇몇 사람만이 작은 연못 위에서 배를 타고 있었다. 아프가니스탄 전통 복장을 입은 노인이 씁쓸한 눈길로 그 장면을 바라보고 있었다. 노인은 이렇게 말했다. "이렇게 무위도식하는 놈들은 진정한 행복이 뭔지도 모르고, 우리를 인도하는 세상의 가치가 뭔지도 모른다고."

전쟁보다 무시무시한 도로의 무법자

Kandovan

칸도반Kandovan에 가는 것은 어린 시절을 되찾는 것이다. 좁디좁은 집들은 바위를 깎아서 만든 것이었다. 시간이 지나면서 단단해진 충적토는 점차 물에 의해 자갈로 변해 서로 달라붙었다. 침식은 굴뚝처럼 생긴 암석 기둥도 만들어냈다. 이 기둥들은 세기말의 혼란스러운 풍경처럼 층을 이루며 솟아 있다.

모르테자는 칸도반에서도 제일 높은 곳에 지은 비좁은 집에 살고 있다. 염소나 다닐 듯한 좁고 가파르고 미끄럽고 굴곡진 길을 걸어 올라가야 한다. 비나 눈이 오는 날에 도랑까지 데굴데굴 미끄러지지 않으려면 뭐라도 잡고 가야 할 텐데 과연 그럴 수 있을까.

바로 그때, 넘어지지 않으려고 안간힘을 쓰고 있는 노인과 마주쳤다. 노인은 잠깐 쉬어갈 수 있어 만족스러운 표정이었다. "난 퇴역 장교인데, 전쟁은 끔찍한 거야"라고 말하더니, 비난을 하는 것처럼 매서운 눈빛으로 "상상을 초월하는 끔찍한 일이야" 하고 덧붙였다. 호메이니가 민족주의를 내세워 사담 후세인에 맞서 벌인 살육전에 대해 우리한테는 아부 책임이 없다고 아부리 얘기를 해도 소용이 없었

올록볼록 팬 바위 땅을 파서 마을을 이룬 칸도반의 바위 집들.
때로는 건축가가 아닌 보통 사람이 만들어낸 집이 더 매력 있는 법이다.

다. 노인은 계속 격분해서 노발대발했다. 공기의 요정과 꼬마 악마를 상상하게 하는 이 나라에서, 퇴역 장군은 동화의 균형을 맞추는 카라보스Carabosse(『잠자는 숲속의 공주』에 등장하는 심술궂은 마녀)처럼 보였다.

터키의 도로처럼, 이란의 교통 상황도 끔찍하다. 순례자를 태운 버스, 소형 트럭, 자동차, 대형 화물 트럭이 무시무시하게 빨리 달린다. 2차선 도로를 지날 때, 반대편 차선에서 한꺼번에 세 대의 차가 서로 추월하려고 달려드는 모습을 보는 것은 흔한 일이다. 우리가 충돌을 피하려고 죽을 듯이 브레이크를 밟으면, 타이어는 괴성을 지르며 도로를 벗어났다. 차 사이로 끼어들고 차의 앞뒤가 바뀌기도 하는 등 그야말로 무질서 그 자체다. 이란의 도로를 달릴 때 이성을 가진 자라면 누구나 예상할 수 있는 대참사에서 벗어나기 위해 알라에게 기도하는 수밖에 없다.

어떻게 내가 이런 도로를 걸어 다녔는지 지금 생각해도 신기한 일이다. 수풀 속으로 난 길을 이용하는 것이 불가능할 때가 많았기 때문에, 위험천만하지만 도로 위에서 차를 피하며 다녀야 했다. 이제는 죽었구나 생각이 들 정도로 끔찍했던 한 터널이 기억난다. 나는 등산할 엄두도 나지 않는 아찔한 산의 낭떠러지 아래에 있었다. 상상해보라. 수많은 배기관에서 나온 매연에 숨이 막히고, 대형 화물 트럭의 엔진이 쏟아내는 굉음에 고막이 터질 듯한 데다, 앞을 볼 수 없는 깜깜한 터널에서 차량의 헤드라이트가 뿜어내는 불빛에 눈이 멀 지경으로 터널 속을 걷던 모습을. 지옥이 따로 없었다. 상대를 죽이는 상상력은 악마보다 인간이 한 수 위일 것 같았다.

그런데 오늘은 그 터널을 멀리서 바라보고 있다. 나를 보호해주는 자동차 안에 앉아 내가 정말 저 속을 걷기는 했었는지 의심스러워하면서. 한편으로는 해냈다는 생각에 뿌듯해하며 편안하게 터널을 바라보았다.

매연과 굉음을 뿜어내며 도로를 질주하는 이란의 화물 트럭.
도로변을 걸어가던 내게는 무시무시한 괴물 같았다.

두고 간 평화

Jamalabad

높은 언덕에 자리하고 있는 자말아바드Jamalabad 마을의 대상숙소에서
아래를 내려다보면, 긴 대상 행렬이 사방에서 모여드는 것을 볼 수 있
었다. 하지만 러시아군이 주둔했다가 떠나면서 마구잡이로 포격을
가해 이 건물은 거의 가루가 되어버렸다. 이제는 농부들이 겨울에 양
들을 몰아넣는 축사가 되었다.

이곳은 특이한 장소다. 보통, 대상숙소가 있는 곳에는 도시가 생겨
나기 마련이다. 그런데 자말아바드에서는 도시가 세워지지 않았고,
흙집들이 모여 있는 작은 마을의 인구는 갈수록 줄어들고 있다. 여자
들은 차도르 속에 묻혀 눈만 내놓고 얼굴을 가렸다. 이곳에서 외국인
을 보는 것은 아주 드문 일이다.

테무르와 아내 말라카, 아들 베남이 나를 맞이했던 집은 이제 버려
져 있다. 벽에는 벌써 금이 가 있었고, 지붕의 일부는 무너져 내렸다.
우리의 가이드 쇼레가 실망한 내 표정을 보고는 어떻게 된 일인지 알
아보러 갔다. 테무르 가족은 1년 전 테헤란으로 옮겨 갔다고 한다. 마
을의 움푹 끼긴 땅에서는, 근처 산에서 내려오는 시원하고 맑은 카나

내게 대상숙소와 카나트를 구경시켜준 테무르 가족은
자말아바드를 떠나고 빈집만 남아 있었다. 이 작은 마을의 인구는 점점 줄어들고 있다.

트Qanat(지하수를 이용한 관개수로)의 물이 계속 흐르고 있었지만, 얼마 안 있으면 이곳에서 갈증을 풀 수 없게 된단다. 카나트의 물을 나르는 좁은 터널이 관리 부족으로 인해 무너져버릴 지경에 처했기 때문이다.

나는 과하다 싶을 정도로 향수에 젖어 예전 기억을 떠올렸다. 진솔하고 인심 좋은 사람들과 함께 저녁 시간을 보낸 곳이기에 낭만에 찬 슬픔에 젖지 않을 수 없었다. 나를 발견했던 사람은 스무 살의 베남이었다. 그는 다른 양치기들과 작은 숲의 그늘, 맛있는 샘물이 가득 들어 있는 석조 저수조 옆에서 차를 마시며 쉬고 있었다. 베남은 대상숙소의 그늘에 살고 있는 부모님 테무르와 말라카의 집으로, 또 열 명가량 되는 다른 친척 집으로 나를 계속 데리고 다녔다. 바로 그곳에서 난생처음으로 카나트를 보았다. 페르시아인들이 정원이나 시원함과 관련된 모든 것을 살리는 데 얼마나 많은 재능을 가지고 있는지를 보여주는 곳이었다. 카나트를 자세히 들여다보면, 엔지니어와 일반 사람들이 한결같이 시원한 물줄기와 오아시스의 신기루에 대해 대단한 사랑을 품고 있었음을 알 수 있다. 놀라운 기량으로 이런 지하 관개 운하를 건설할 생각을 한 것을 보면 말이다.

베남은 자랑스럽게 살구나무밭을 보여주었고, 나는 집의 안마당에 있는 접시꽃, 산딸기나무, 체리나무를 보며 감탄했다. 이 쿠르드 집에 있는 모든 것이, 그리고 베남의 오토바이마저도—베남은 과수원만큼 자랑스러워했다—전원의 평화를 느끼게 했다. 눈을 감지 않고도 대상숙소의 찬란했던 시절로 되돌아간 듯했다.

테라스에 깐 커다란 모기장 안에서 매혹적인 밤을 보내며 느낀 행복과 평온함을 아직도 긴직하고 있다. 공기는 너웠고, 별이 는 밝은 하늘은 세상과 조화를 이루고 있었다.

이제 의문이 든다. 대도시로 사라진 그 사람들은 어떻게 되었을까? 하늘과 조화를 이루는 곳에서만 가능한, 내게는 소중한 선善처럼 보였던 이 놀라운 평화를 두고 왜 떠났을까? 위험을 이겨내면 아름다움을 맛볼 수 있다. 삶에 지친 사람들에게, 사막은 홀연히 위안처럼 나타난다. 사막은 대도시에 없는 어떤 것을 가지고 있을까? 단언하건대, 이 집에 충만했던 가족의 화목은 그들을 떠났을 것이고 베남의 오토바이 굉음은 굴곡 많은 삶의 한숨 소리를 적절히 덮고 있을 것이다.

내 자신부터 반성해야겠다. 인생이 흐르고, 세상이 돌아가고, 시간은 내 마음대로 멈출 수 없다! 다시 실크로드를 여행하며 무엇을 기대했단 말인가? 나와 즐거운 만남을 가졌던 모든 사람들이 꼼짝도 하지 않고 오래오래 내가 돌아오기를 참을성 있게 기다리기를 기대했던가? 나는 그동안 지구를 행군하고, 여기저기 옮겨 다니며 살았으면서. 그렇다. 세상은 돌아간다. 내가 없어도. 소소한 일에 쫓겨서 생활하는 우리는 운명의 바람이 기분에 따라 쓸어버리는 먼지 한 톨에 불과하다.

12세기 페르시아의 시인 하카니Khāqānī의 시구를 읊어본다.

친구여, 인생의 덧셈을 하라.

저녁과 새벽이라는 두 잉크로 기록된 이 비서秘書.

지나가는 날들의 기만적인 글 이외에

이 음울한 체류지에서 무엇을 받았는고?

세상은 독이 든 식사이고,

인생은 죽음이 해석한 꿈인 것을.

기괴한 생각을 하고 있는 그때, 커다란 초록 깃발을 들고 걸어오는
한 무리의 사람들이 길을 막았다. 쇼레가 설명하기를, 현수막 위에 종
교 문구가 쓰여 있다고 했다. 이 사람들은 이슬람 혁명의 아버지 호메
이니의 추도식에 참석하려고 테헤란으로 가는 순례자였다. 서른 명
가량 되는 사람들이 부슬비를 맞으며, 트럭에 달린 확성기에서 나오
는 쩌렁쩌렁한 음악 소리에 맞춰 일렬로 행진했다. 모든 이들이 입고
있는 우비는 군에서 지급한 것이 분명했다.

테헤란으로 걸어가는 순례자들.
이란에서 종교적 열정은 교묘하게도 변해버렸다.

덥수룩한 수염에, 머리에 두건을 쓰고 행렬 맨 앞에 있는 위풍당당한 남자는 모든 것이 군대식이었다. 꼿꼿한 자세, 당당하게 든 머리, 자신감이나 강요된 복종을 의미하는 자만한 태도. 그의 뒤에 시끄러운 음악을 토해내는 트럭 바로 앞에서 대장과 똑 닮은 남자가 칼라슈니코프 총을 어깨에서 허리까지 비스듬히 메고 절도 있게 행진했다.

쇼레는 훌륭한 외교관이다. 행렬을 지휘하는 남자에게 가서 잠깐 얘기를 하더니 초상화를 그려도 좋다는 허락을 받아왔다. 남자는 자신만만한 모습이었다. 그 남자 뒤에 피곤함에 절어 묵묵히 걷고 있는 남자들은 분명 테헤란까지 얼마나 더 걸어야 할지를 머릿속으로 계산하고 있는 것임에 틀림없었다. 나는 마슈하드 도로에서 만났던, 쾌활하고 열정에 넘친 순례자 행렬을 지금도 기억한다. 오늘 만난 순례자들은 후퇴하는 병사들처럼 슬프고 지쳐 보였다.

오늘은 자꾸 시를 읊고 싶어진다. 이번에는 페르시아의 천문학자이자 시인이었던 오마르 하이얌Omar Khayyám의 시구가 떠오른다.

진정한 신자와 의심 많은 자는 한 숨의 차이일 뿐.
교조주의자와 확신이 없는 자는 한 숨의 차이일 뿐.
이처럼 소중한 공간에서, 두 숨 사이에서, 행복하게 살지어다.
삶은 가고 죽음은 오고 우리의 이행은 한 숨의 차이일 뿐…….

잔잔Zanzan으로 가는 도로에서, 우리는 작은 트럭 하나를 추월했는데, 그 트럭에는 전자 제품을 포장한 듯한 무거운 상자가 실려 있었다. 상자 사이에 쪼그리고 앉아 있는 여자는 차도르가 날아갈까 봐 두

손으로 움켜잡고 있었다. 여자는 계속 내리는 차가운 비를 맞으면서
도 꼿꼿하고 의연했다. 따뜻한 차 안에는 남자 셋이 낄낄거리며 잡담
을 하고 있었다.

술타니야

Zanzan

잔잔은 같은 이름을 가진 잔잔 지방의 중심지다. 이 지방에서는 어디를 가나 칼을 판다. 호주머니 칼에서 검도까지 수천 개의 칼날이 진열창에 가득 쌓여 있다. 내가 가지고 있는 라기올Laguiole 칼은 언제나 이 지방 사람들의 관심을 불러일으키는데, 여기서는 보기 드물게 코르크 따개가 달려 있기 때문이다.

　바자르에서 프랑수아를 안내하는 것이 즐거웠다. 프랑수아도 동양의 시장에 익숙해지기 시작했다. 우리는 빛과 그림자 속의 미로를 기꺼이 헤매고 다녔다. 이곳에는 아직도 페르시아 석공과 건축가의 솜씨를 볼 수 있는 것들이 펼쳐져 있다. 페르시아인들은 간단한 벽돌을 가지고도 백 가지 건축물, 천 가지 아라베스크 장식과 독특한 조각을 만들어낼 줄 알았다.

　이곳 사람들은 2,500년 전부터 장사를 해왔다. 대상 시대에는 『코란』에서 영감을 받아 만들어진 상법에 따라 불성실하거나 비열한 행위는 일체 배제되었다. 상인의 말은 명예의 말로, 상행위는 사람을 사귀는 방법이나 다름없었다. 그것은 지금도 여전하다.

쇼레는 옛날 한으로 저녁을 먹으러 가자고 했다. 한의 일부는 식당으로 변모했다. 그 식당은 꽤 '세련된' 곳이었다. 식사를 하는 동안 배경으로 라이브 연주가 들려왔다. 마예maye 연주자는 입술 왼쪽에 피리의 취구吹口를 고정하고 입술 오른쪽으로 호흡을 하면서, 따로 숨을 고를 필요 없이 계속 이어서 연주했다. 딱딱한 표정의 콧수염을 기른 다른 남자는 탬버린처럼 생긴 타프taf를 위아래로 흔들며 연주했다.

예전에 상인들이 묵던 작은 방에는 몇몇 가족이 저녁을 먹고 있었는데, 남자 손님이 월등히 많았고 대부분의 사람이 물담배를 피고 있었다. 민트 향이 나는 챠슈트 바뎀잔tsachsht bademjan─문자 그대로 번역하면, 가지를 곁들인 요구르트 음료─으로 갈증을 풀었다. 어떤 음료일지 상상에 맡기겠다.

잔잔의 바자르에서 만난 나이 든 상인과
내상늙소늘 캐소한 식당에서 타프를 연주하는 악사.

식당을 나오는데, 덕지덕지 화장을 한 당돌한 여자아이들이 대담하게 우리를 불러 세웠다. 이슬람 지도자들은 쿠르드 젊은이에 대한 통제권을 상실한 것일까?

술타니야Soltaniyeh를 들르지 않는 것은 생각할 수 없는 일이다. 완전한 평지로 이루어진 곳이어서, 멀리서 보면 하늘을 향해 우뚝 선 엄지손가락 같은 돔만 보인다. 4년 전 이 돔을 보았을 때는 통 모양의 발판으로 뒤덮여 있었다. 파란색 타일로 지붕을 개조하는 작업 때문이었다. 이번에 가보니 모든 것이 그대로였다. 공사는 오래전부터 계속되었고, 앞으로도 오래도록 계속될 것이다. 이 얘기는 이 도시의 중학교에서 아랍어를 가르치는, 키 작은 남자 레자가 친절하게 설명해준 것이다.

술타니야는 두 가지 모자이크 기법을 이용하여 장식되어 있다. 첫번째 기법은 스테인드글라스와 흡사한데, 여러 가지 색깔의 조각을 잘라서 시멘트로 붙여 화려한 아라베스크 문양을 만드는 것이다. 좀더 속도가 빠른 두 번째 기법은 직접 사각형 흙 위에 무늬를 그린 다음 신속하게 굽는 것으로, 이탈리아의 마졸리카 타일과 비슷하다. 그리고 더욱 빨리 작업할 수 있는 또 다른 기법으로는—끔찍하기 짝이 없다—직접 석고에 그림을 그리는 방법이 있다. 그 결과는 형편없고 색깔은 어찌 손 쓸 방도가 없을 정도로 침침하다.

이 건물은 거대한 크기로 주변의 흙집을 압도한다. 이 사원을 짓게 한 인물은 몽골의 칸인 올제이투Oljeitu(1280~1316)로, 그는 조상의 샤머니즘을 저버리고 이슬람으로 개종했다. 올제이투는, 마호메트의

몽골의 칸인 올제이투 가족의 묘원인 술타니야 사원.
본래는 이맘 알리의 유골을 모시기 위해 지어졌다.

사위이자 시아파의 초대 이맘imam(마호메트의 후계자에게 주어진 칭호로,
이슬람의 지도자)이었던 이맘 알리의 유골을 모실 수 있는 이슬람 사원
을 짓고 싶어 했다. 그리고 9년 후 세계에서 세 번째로 큰 돔이 완성
되었다. 하지만 알리의 유골이 보관된 곳은 나자프Najaf(현재의 이라크)
였다. 이에 분개한 올제이투는 가톨릭으로 개종해버렸다. 술타니야
는 올제이투와 그 가족의 유해만 모시는 데 이용되었다.

친절한 이란 사람들

Qazvin, Teheran

예전에 나를 서로 자기 집에서 묵게 하려고 엄청나게 흥분해서 다투
었던 두 남자가 있었다. 아스카르와 마흐마드였다. 두 사람의 응원꾼
들은 다른 편 사람을 헐뜯었다. 결국 덥수룩한 머리에 살인 미소를 지
닌 청년 마흐마드가 승리를 거두었다. 이 선의의 왕자는 아스카르 역
시 저녁 식사에 초대했다. 저녁을 먹으러 간 곳은 마흐마드의 아버지
제흘라 바흐마니의 집이었는데, 그는 마흐마드 말고도 여섯 명의 딸
과 네 명의 아들을 두고 있었다. 저녁을 먹는 동안 서로 소개하느라
바빴다. 며느리, 사위, 손자 손녀 등 모든 바흐마니 가족이 카메라 앞
에서 포즈를 취했다. 기운이 펄펄 넘쳐나는 악동들이 정원으로 도망
다니며 뷰파인더에서 벗어나는 바람에 다시 끌어오느라 꽤 고생을
했다. 그런데 사진을 찍고 얼마 뒤 카메라를 도둑맞았다. 나는 제흘라
에게 편지를 썼고, 그의 답장을 받고 나자 꼭 다시 한번 찾아가 만나
고 싶었다.

　다시 왔을 때 나는 때를 잘못 맞춰 왔다는 걸 직감했다. 제흘라는
밭에 있었고, 여자들은 내 질문에 대답하지 않았다. 하지만 제흘라를

다시 만났을 때, 이 대가족의 가장은 나를 와락 껴안았고, 마흐마드는 어디 있냐는 내 질문에 울음을 터뜨렸다.

마흐마드는 열일곱 살의 나이에 심장마비로 세상을 떠났다. 나는 너무 놀라 할 말을 잃었다. 이번에 다시 좋은 추억을 떠올리고, 또 다른 추억거리를 만들려는 마음으로 두 번째 실크로드 여행길에 올랐던 것인데……. 내 머릿속에 간직한 존경스러운 동양 친구의 목록에는, 놀라움을 금치 못하게 했던 나무꾼 철학자 셀림 옆에 제흘라와 그의 아들이 자리하고 있었다.

자식을 잃은 아버지의 고통을 어찌 말로 옮길 수 있을까.
마흐마드를 잃은 세흘라와 그의 딸 미나의 침통한 표정.

카즈빈Qazvin은 쿠르드인이나 북부의 아제르바이잔인, 페르시아어를 사용하는 남부 이란인 사이의 언어 경계를 이루는 도시다. 15세기 페르시아의 사파위 왕조Safavid dynasty는 수도를 타브리즈에서 방어하기가 용이한 카즈빈으로 옮겼다. 그리고 수도는 다시 카즈빈에서 이스파한Isfahan으로 옮겨졌다. 여러 대상숙소에서, 사람들은 예전의 영광을 조금이라고 되찾기 위해 무너진 둥근 지붕을 복원하고, 안뜰을 청소하느라 바빴다.

아흐메트를 다시 만났다. 이 친구는 전화국에서 일을 하고 있는데, 예전에 친절하게도 내게 시내를 안내해주었다. 아흐메트의 사장은 날 안내하라고 휴가를 하루 주었다. 이런 경우 프랑스 전화국에서는 어떻게 했을까.

아흐메트는 영어를 잘한다. 5년 동안 이라크에서 전쟁 포로로 있는 동안, 끈질기게 적십자 사람들과 만나며 영어를 배운 것이다. 이 회사에 다니면서 서구화된 것일까? 미국에서 잘 나가는 주식 중개인이 쓸 법한 안경에, 자연스럽게 단추를 푼 멋진 셔츠……. 하지만 사람을 환대하는 이 선한 미소, 솔직함, 행복한 얼굴은 여전했다. 동양의 미소다. 하룬 알 라시드Hārūn al-Rachid의 명령으로 지어진 마스지데 자메Masjid-e Jam'e(금요일의 사원)를 안내하는 내내, 이 미소는 아흐메트의 얼굴에서 사라지지 않을 것이다.

다슈테 카비르Dacht-e Kavir, 즉 카비르 사막의 가장자리에 있는 테헤란은 급속히 성장했다. 대상 행렬을 노리는 도둑과 약탈자의 소굴이었던 테헤란은, 12세기 말 몽골인이 라비Ravy(실크로드의 중요 거점)를 점령함에 따라, 상인들이 선호하는 도시가 되었고, 1789년에는 수도 시라즈Shiraz의 자리를 빼앗기에 이른다. 당시 겨우 1만 5000명이었던 테헤란의 인구는 이제 1500만 명에 육박한다.

도시의 풍경은 서글프다. 물라의 정치적, 종교적 압력은 여전히 무겁고 위협적이다. 거리는 체제의 영광을 고양하는 문구로 사람들을 괴롭히고, 체제를 강화하는 데 방해가 되는 모든 것을 쓰러뜨린다.

이 건물 벽에 있는 그림을 보라. 증오와 전투, 죽음의 욕구를 불러일으키지 않는가. 아름다운 예술 기법을 이렇게 이용하다니. 사악한 집단은 종종 이처럼 장엄한 도구를 이용한다. 특히 자화자찬을 하는 경우는 더욱더. 여기저기 교묘하게 배치된 이맘 호메이니의 거대한 얼굴은 대중들에게 무언의 메시지를 전달한다. "걱정하지 마라, 지도자가 우리를 살펴주신다." 사실 생각에 잠긴 이 아야톨라Âyatollâh(이슬람 시아파 지도자의 존칭)는 마음을 사로잡는 동시에 명상에 잠긴 듯한 눈길로 그들의 집단을 감시하는 것처럼 보인다. 그의 눈은 지나가는 사람을 뚫어지게 지켜보고, 나 같은 사람도 움찔하게 만든다.

샤르자드 집에서 즐거운 저녁 시간을 보낸 덕분에 이슬람 종교 지도자들과 멀리 떨어질 수 있었다. 프랑수아는 평소보다 신이 나 있었고, 열여섯 살 먹은 닐루파르는 프랑수아에게 반해 프랑스어를 배우겠다고 결심했다. 닐루파르의 어머니가 "당신 같은 남자랑 있으면 여자가 늙을 수가 없겠어요" 하고 치켜세우자, 프랑수아는 얼굴을 붉혔다.

도자기 공장을 운영하는 예술가 부부 모니르와 메흐디도 다시 만났다. 예컨대 도보 여행 때 성김성의껏 널 보실쩌군 사람들이나. 오늘

테헤란 시내의 건물 벽에 붙어 있는 반미反美 선전물.
강렬한 죽음의 이미지를 연상시킨다.

은 걱정스런 일 때문에 두 사람의 표정이 어두웠다. 이탈리아 사람이
대량 주문을 해서 곧바로 물건을 납품했는데, 이 못된 작자가 아직도
돈을 지급하지 않았다고 한다. 이로 인한 손실로 작업실 문까지 닫아
야 할 처지가 되고 말았다.

가슴 따뜻한 이란의 여인. 샤루자드와 모니르.

사막의 대상숙소

Semnān, Soufi-abad, Mīāndasht, Sadr-abad

테헤란을 벗어나자마자 끔찍한 카비르 사막으로 들어갔다. 사막을 통과하려면 500킬로미터 이상을 가야 한다. 자동차로, 편안하게. 지난 도보 여행 때가 생각난다. 두건으로 칭칭 동여맨 얼굴, 땀으로 흠뻑 젖어 피부에 찰싹 달라붙었던 바지와 티셔츠. 나는 마치 베두인 족 같은 모습을 하고, 그늘 온도만 해도 52도에 달하는 이글거리는 사막을 걸었다.

쨍쨍 내리쬐는 햇빛 아래 잠들어 있는 모래색 마을을 지나갔다. 사막을 처음 경험한 프랑수아는 기진맥진했다. 그는 설탕 덩어리라 할 미국 음료를 몇 리터나 벌컥벌컥 마셨다. 전 세계를 지배하고, 열광적인 소비자의 절반을 뚱보로 만든 음료. 하지만 건장한 북유럽의 후손인 프랑수아는 개의치 않았다. 그가 원한 것은 갈증이 풀릴 때까지 마시고, 마시고, 또 마시는 것이었기 때문이다.

셈난Semnān에서 잠깐 쉬어가기로 했는데, 공중전화 박스만 한 크기의 구멍가게가 모여 있는 어두운 골목을 가다가 길을 잃었다. 한동안 이 도시의 박물관을 둘러보았다. 이란 북부의 산악 지대 중심부에 지어진 독수리 요새 같은 알라무트 성에서 나온 물건과 화병이 이 박물관에 전시되어 있다. 알라무트 성은 '산의 장로'의 거점으로, 그들은 자신의 종파를 만들고, 두 세기 반 동안 이 지역을 공포에 빠뜨렸다. 저 유명한 '하시시인hashishiyyin'의 종파는 십자군과 마르코 폴로의 이야기를 통해 변형되어, '어새신assassin(암살)'이라는 단어를 탄생시켰다. 하시시인이라는 말은, 하산 사바Hassan-i Sabbâh가 길들였던 미소년들이 해시시(대마초)에 중독되었기 때문에 붙여진 이름이다.

이들은 장로에 비해 성덕聖德의 경지에 이르지 못했던 정치계나 종교계 우두머리의 명령에 따라, 살인을 하러 떠나기 전 대마초를 피웠다. 젊은 처녀들의 시중을 받으며 이미 천국을 경험한 미소년들은, 살인 임무를 완성하면 알라의 천국으로 곧장 갈 수 있다는 말에 고무되어 명령에 복종했다. 요즘 저질러지고 있는 일들은 새롭게 만들어진 것이 아니다. 폭력, 검은 음모, 종교 분쟁 등 모든 것은 이미 오랜 역사를 지닌 동양에서 극한까지 전개되었던 것이다. 이처럼 능수능란한 광신자는 땅도, 군대도, 궁의 지원도 받지 못했지만, 인도에서 지중해까지 국경을 넓혀갔던 셀주크 왕국Seljuk dynasty을 공격해 1년이 조금 못 되는 기간 동안 산산조각을 내버렸다.

이후 더욱 끔찍한 일들이 일어났다. 무슨 말이냐 하면, 늘 예술과 시인이 넘쳤던 이 나라에서―서양의 작가들이 여기에 매료되었다. 고비노Joseph-Arthur Gobineau(1816~1882. 프랑스의 동양학자), 잔 디윌라푸아 Jane Dieulafoy(1851~1916. 14개월간의 페르시아 여행기를 쓴 19세기의 프랑스 작가), 그레이엄 그린Graham Greene(1904~1991. 영국의 소설가), 피터 플레밍 Peter Fleming(1907~1971. 중국 횡단기로 잘 알려진 영국 여행 기자) 등 여러 작가를 들 수 있다—모든 일들은 피비린내 나는 살육을 통해 이루어졌다. 예를 들어 나시룻딘 샤Nasiruddin Shah를 보자. 통이 큰 이 군주는 열두 살 난 자기 아들이 형을 질투했다는 이유로 눈을 뽑도록 명령했다가 마음이 누그러져서 아들을 용서했다. 이 민족의 모순과 이중성이 바로 이런 데 있다. 이들은 정원에서 장미 향을 맡고 음미하는 데 대부분의 시간을 보내면서, 동이 트면 가족의 절반을 암살했다.

전에도 얘기한 적이 있듯이, 기어오르고 쏘아대거나 독을 품은 모든 것과 맞닥뜨리면 겁이 나고 두렵고 소름이 끼친다. 이런 약점을 고백하는 것이 쉬운 일은 아니지만, 그렇다고 이를 부끄러워하지는 않는다. 그런데 수피아바드Soufi-abad 마을 근처에서, 동행하는 친구에게 동양의 회색 도마뱀을 소개하다니 나 자신이 너무나 자랑스러웠다. 프랑수아 앞에서 계속해서 연극배우처럼 자신의 모습을 드러내는 이 녀석은 머리를 꼿꼿이 세우고 이렇게 묻는 것 같았다. "너, 여기서 뭐

수피아바드 근처에서 만난 회색 도마뱀.
머리를 꼿꼿이 세운 모양이 꼭 사람 같다.

하는 거야? 나한테 바라는 게 뭐야?" 온몸이 회색인 암컷은 조금 떨어져서 얌전히 있었다. 이곳에서는 동물들이 인간 사회를 흉내 내는 방법을 배운 것처럼 보였다.

수피아바드에는 도마뱀 부부 외에도 여덟 가정이 있는데, 그중 아프가니스탄 난민 가정이 둘이다. 여자아이들은 갈색 피부에 맑은 눈을 가지고 있었는데, 그중 한 여자아이는 어찌나 재잘거리는지, 급기야 기진맥진한 쇼레가 통역을 포기했다. 살만은 굵고 낮은 목소리로 테헤란으로 공부를 하러 떠난 열 명의 아이들 얘기를 했다. 단단한 매부리코, 숱이 많은 회색 머리, 흰 수염을 기른 멋진 얼굴을 가지고 있었다. 이런 얼굴이야말로 지혜로우면서도 호의를 베풀 줄 아는 권위 있는 가장의 이미지가 아닐까?

이슬람 시대 초기에, 이슬람교도들은 정복한 땅의 국경에 요새를 정비했다. 초기에 특별한 계획 없이 건설된 요새들은 차츰 군인과 말

수피아바드에 살고 있는 아프가니스탄 난민 가족.
소녀의 해맑음과 아버지의 지혜로움이 한눈에 느껴진다.

을 수용하는 시설로 변모했다. 사산 왕조Sasan dynasty는 그전에 이란의 도로를 측량해 경계를 표시했다. 정복과 관련된 이런 리바트ribat 외에도, 상인과 여행자 들이 쉬었다 갈 수 있는 곳도 지어야 했다. 바로 이 시기—이슬람화된 터키 왕조가 칼리프를 대신한 시기—부터 중앙아시아에서 차용한 대상숙소가 발달하게 되었다.

카라반사리caravansary……. 왜 이 이름이 내게 그렇게도 많은 꿈을 꾸게 했는지 모르겠다. 5년 전 아나톨리아의 수풀 길로 향하면서, 내 머릿속은 이미 대상숙소 생각으로 가득 찼고, 입으로는 연방 카라반사리를 읊조렸다. 독자들의 기운을 뺄 정도로 내가 보러 갈 대상숙소를 상세히 언급했다. 예정된 길에서 너무 돌아가는 곳에 있어 포기해야 했던 곳, 오래전부터 몽상에 젖게 했던 곳, 여행 가이드에서 설명을 읽었던 곳, 사라진 곳, 재건 중인 곳, 폐허가 된 곳. 대상숙소에 대해 채워지지 않은 헛헛증. 대상숙소라는 말을 계속 반복하지 않으려고 '한'이라는 용어도 사용했다. 하지만 건물만큼이나, 그 건물을 정의하는 말이 내 머리에서 떠나지 않는다. 대상숙소라는 말은 여러 가지 감정을 불러일으키는 마법 같은 단어로 이루어져 있다(프랑스어에서 '대상숙소'는 '대상caravane'과 '궁전, 하렘sérail'이 합쳐진 말이다). 에로스와 여행, 바깥과 안, 발견과 사랑, 길과 궁전.

미안다슈트Miāndasht 대상숙소는 거대하다. 건물은 녹이 슬었고, 작열하는 태양 때문에 길게 늘어진 것처럼 보인다. 낙타가 뜯어 먹는 풀만 드문드문 있는 이 거대한 평원에 우뚝 서 있는 대상숙소는 멀리에서도 눈에 띈다. 2000년에 왔을 때는 대상숙소의 문이 닫혀 있어, 나

는 얼굴이라도 들이밀고 싶어 개구쟁이처럼 뒷담을 타고 기어올라갔
다. 17세기에 굽지 않은 흙을 이용해 만든 사파위 왕조 양식의 이 건
물은 폐허로 변했다. 그 옆에 있는 벽돌 건물은 좀 더 최근의 것으로,
19세기 아바스 왕조Abbasids dynasty 때 만들어졌다.

이제 미안다슈트에는 돈 많은 서양 관광객을 유치하기 위한 고급
호텔을 최대한 빨리 지을 임무를 띤 일꾼으로 바글거린다. 이번에도
정부에서는 찬반양론의 설전이 있었다. 조상의 가치를 악용하는 썩
어빠진 서구 사회의 모델을 소리 높여 비판하지만, 자신들의 주머니
를 두둑하게 채워주며 감사의 인사를 전할 이 썩어빠진 인간들의 환
심을 사기 위해 주저하지 않고 이 모델을 모방한다. 지배한다고 믿는
자가 지배당하는 시스템의 기막힌 변환…….

두 건축가가 컴퓨터 화면에 앞으로 실현해낼 프로젝트를 선보였
다. 온갖 편의 시설이 다 갖춰진 방은 두 개의 넓은 안뜰로 통하게 될
것이다. 안뜰은 적절히 차양이 펼쳐져 그림자를 드리워 쾌적함을 줄
것이다. 미래의 여행객에게 안온함과 즐거움을 주기 위해 부족한 것
은 아무것도 없어 보인다. 상인들의 외침, 낙타의 울음소리, 짐을 부
릴 때 나는 둔탁한 소리, 오물과 향, 먼지와 땀이 뒤섞여 내뿜는 냄새
등 대상 시절 이곳에 감돌았을 분위기만 제외한다면.

저녁에 도착한 곳은 앞서 들른 미안다슈트에 비해 너무나 작은 사
드르아바드Sadr-abad의 대상숙소였다. 이곳에서 대상들의 생활이 어떠
했을지 온갖 상상을 하며 혼자서 하룻밤을 보낸 적이 있었는데…….
오늘 저녁에는 트럭 운전사 세 명이 고철 괴물 같은 트럭 앞에서 소

아바스 왕조 시대에 지어진 사드르아바드의 대상숙소.
두 세기 반을 꿋꿋이 버텨온 이 훌륭한 건물을 보기 위해
4년 전 발이 푹푹 빠지는 모래사막을 걸어야 했다.

풍을 즐기고 있었다. 프랑수아는 그중에서 펑크족 스타일의 운전사에게 영감을 받아 즉시 그림을 그렸다. 그들은 가벼운 식사를 한 뒤 마무리로, '파이프'로 피우는 아편인 타리야크taryak를 피웠고, 우리한테도 같이 피우자고 권했다. 도구는 조잡했지만 사용하는 데는 아무 문제도 없었다. 도구는 돌돌 만 신문지 조각이 전부—리히텐베르크 Lichtenberg(1742~1799. 독일의 물리학자)가 말한 것처럼, 인쇄용지는 백지보다 가치가 떨어진다—다. 이것을 임시변통으로 만든 깔때기나 파이프대처럼 이용한다. 그 다음 철사를 달궈 동그란 모양의 아편에 대면 흰 연기가 나오고, 이 연기를 종이로 된 파이프를 통해 들이마신다.

우리는 아편을 같이 피우자는 제의를 거절했고, 이 남자들이 그렇게 마약에 취해서 다시 운전대를 잡을까 봐 걱정이 되었다. 전에도 말한 것처럼, 이란의 운전자들은 이웃 아나톨리아의 운전자만큼이나 거칠게 차를 모는 잠재적인 살인자들이다. 하지만 이 남자들은 웃음을 터뜨리며 아니라고 했다. 반대로, 아편을 잔뜩 마시면 정신이 번쩍 나서 밤새도록 운전을 해도 끄떡없다고 한다. 글쎄. 우리의 지나친 조심성이 경험에 의지한 그들의 무모한 행동보다 해로울지도 모른다.

쇼레와 아흐마드가 근처—100킬로미터 거리—에 있는 도시 사브제바르에서 자겠다면서 떠나서 프랑수아와 나 이렇게 둘만 남았다. 이처럼 멋진 배경 속에 우리만 있다고 생각하니 기쁨의 함성이 터져 나왔다.

우리의 모습을 이렇게 상상하면 된다. 가족이 있고 세금도 성실히 납부한, 책임감 있고, 건강하고, 모든 성인 남자가 그래야 하는 것처럼 과부와 고아를 보호할 준비가 된 두 남자. 기값은 김새지를 멀쳐

'타리야크'를 피우는 트럭 운전사.
물 없는 물담배 모양으로 아편을 피우는 것은 경찰의 단속을 피하기 위해서다.
펑크족의 머리처럼 짐을 가득 실은 그의 트럭은 무사히 달려갈 수 있을까?

내고 만반의 준비를 마친 두 악동. 그렇다고 한심한 짓을 하려는 것은 아니다. 최악의 경우를 상상하는 쪽은 늘 부모님이다. 콘래드Joseph Conrad(1857~1924. 영국의 작가)의 모험 소설을 잔뜩 읽은 꼬마 영웅처럼, 아름다운 별빛 아래 밤을 보낼 준비가 되어 있을 뿐이다.

지도와 판화를 사랑하는 아이에게
우주는 거대한 갈망의 대상이다.
—보들레르, 『악의 꽃Fleur du Mal』 중 〈여행Le voyage〉

우리는 목이 터져라 보들레르의 시를 낭송하고, 오늘 저녁 우리의 휴식처가 될 건물의 지붕 위로 올라가 사막의 일몰을 바라보며 황홀한 순간에 취해, 알라가 두 무신론자에게 이렇게 호의를 베푸는구나 생각했다. 너무 흥분해 잠을 이룰 수가 없었다. 프랑수아는 자기에 대해, 그리고 어릴 적부터 얼마나 그림에 열정을 쏟았는지에 대해 조금 얘기했고 나도 별을 보면서 추억거리를 길게 늘어놓았다. 공기는 부드러웠고 거의 1년 전 프랑수아 집의 아카시아 나무 아래에서 여행의 욕구로 의기투합했던 분위기를 다시 느낄 수 있었다. 밤중에 이불을 머리까지 뒤집어쓰고 덜덜 떨면서 책을 읽었던 행복한 순간처럼, 예고도 없이 다가온 행복한 시간이었다.

이브라힘, 아스라, 알리. 왁자지껄 삼 형제다. 프랑수아가 그린 사람은 둘뿐이지만, 실제로는 형제가 셋이다. 유쾌한 세 남자는 4년 전 나를 새로운 형제처럼 맞이했다. 이들은 몸집이 크고, 친구가 오면 떠들썩하게 맞이하고 막무가내로 퍼준다. 내가 다시 오사 삼 형제는 요

왁자지껄 형제들.
애도와 금욕주의로 엄숙한 이란에서 식당을 운영하는 삼 형제의
포동포동한 얼굴은 삶의 기쁨으로 가득 차 있었다.
대단한 식도락가에 외설적인 농담들로 가득 찬 얼굴을 보라.

란하게 환영 인사를 했다. 삼 형제는 투박한 손으로 가냘픈 프랑수아의 등을 철썩 때렸고, 신이 나서 날 툭툭 쳤다. 다시 만나서 무척이나 반가운 모습이었다. 우리는 별안간 산더미 같은 음식 앞에 앉아, 삼 형제가 한꺼번에 우리 주의를 끌려고 엄청나게 큰 소리로 말하는 것을 들으며 빈 접시에 다시 채워진 음식을 계속 먹어야 했다.

　잠깐 휴식을 취하면서 배가 터지게 음식을 먹고 시끌벅적하게 얘기를 나누고 나니 다시 기운이 났다. 하지만 대재앙을 겪은 후처럼 정신이 없었다. 다시 작별 키스를 하고, 툭툭 치고, 포옹하는 시간. 다시 만나자, 건강해라, 길 조심해라, 인샬라 등 큰 소리로 작별 인사를 나눈 후, 드디어 길을 떠났다.

다시 길을 떠났다.
앞으로 35킬로미터 안에는 아무것도 없을 것이다.
갈증으로 고통스러웠다.
입에 물을 가득 물고 있어도 목구멍과 입천장이 바싹 마른 느낌이었다.
나는 탈수증에 걸리기 직전이었다.

월리스는 고분고분 날 따라왔고 쉽게 굴러갔다.
배낭의 무게에서 해방된 나는 힘도 안 들이고
시간당 6.2~6.3킬로미터의 속도로 걸었다.

달은 종종 비추리니

Neyshabur, Robat-e-Sharaf

네이샤부르Neyshabur. 이 도시는 존재 가치가 있는 도시다. 12세기 초 비단과 면직물을 생산하던 경제 중심지이자 지식의 중심지로, 수피 교도와 그 학교는 당시에 전 중앙아시아와 중동 지역에 지식을 전파 했다. 하지만 두 번의 지진으로 도시는 잿더미로 변했다. 도시가 복 구되자마자 이번에는 훈족이 침입했다. 저항했다는 죄목으로 도시는 불에 탔다. 재건되었지만 또 한 번의 강력한 지진으로 파괴되었다가 티무르의 군대가 침입해 다시 한 번 파괴되었다.

이제 그만! 50여 년 전부터 이 도시는 숭고한 문학을 되찾기로 했 다. 먼저 존경받아 마땅한 이 도시의 위대한 시인을 경배하는 일부터 시작했다.

오마르 하이얌은 11세기 말, 여자와 포도주를 주제로 한 훌륭한 시 를 남겼다. 물라에게 인간이란 얼마나 사악한 존재인가. 하지만 네이 샤부르는 오마르 하이얌을 거의 종교적인 숭배의 대상으로 만들었 고, 이에 따라 이슬람 지도자들은 몸을 사리고 신중한 태도를 취해야 했다.

폭풍이 몰려오는 네이샤부르의 하늘.
12세기에는 비단 교역의 중심지였던 이곳은
페르시아의 신비주의 시인인 오마르 하이얌을 기리는 성지이기도 하다.

Neyshabur | 닫은 종종 비추리니

이 시인을 기리기 위해 도시에서 멀지 않은 공원에 세워진 건축물은, 알라가 매일 신도들을 불러 모으듯 『루바이야트』(오마르 하이얌의 4행 시집)를 사랑하는 많은 팬들을 불러 모은다.

아무도 내일을 기약할 수 없네.
우울한 마음에 기쁨을 간직하라.
달빛에 술을 마셔라.
오, 달이여
달은 이제 우리를 돌아보지 않고 종종 비추리니.

카담가qadamgāh는, 글자 그대로 해석하면 '발자국의 장소'라는 뜻을 가진 곳이다.

손바닥만 한 이곳에 많은 사람들이 모여들어 바닥에―더 정확히 말하면, 수천 명의 신도들이 밟고 있는 양탄자에―머리를 조아리고, 세상을 잊고 열렬한 기도 속으로 빠져든다. 꿀단지 위에 모인 파리 떼처럼 묘 둘레에 다다닥 붙어 있는 순례자들은 석관 벽을 쓰다듬으며―아니면 애정이 도가 넘쳐 할퀴면서―앓는 소리를 내고 목청껏 울어댔다. 이런 사랑의 주술을 받는 대상은 두 개의 발자국을 보여주는 청동 조각이다. 이맘 레자Reza(765~818. 마호메트의 여덟 번째 후계자로 마슈하드에서 독살되었다)의 발자국이다. 이 순례자들은 신성한 도시 마슈하드에 기도를 하러 간다.

하지만 이곳은 성인이 발을 디딘 곳이다. 돌 위에 새겨진 발자국이 그것을 증명한다―이는 콤포스텔라로 가는 길에 성 야고보가 남긴 발

이맘 레자의 발자국이 있는 카담가의 독실한 이슬람교도들.
이들에게 종교적 열정은 일상이다.
서양의 가톨릭 성지처럼 이곳에도 병은 그린다니 샘물이 나온다고 한다.

자국이 새겨진 돌과 흡사하다. 이슬람이나 가톨릭 성인 모두 족히 350
밀리미터에 달하는 초인의 발을 가지고 있다—이맘 레자가 지나간 자
리에 기적이 일어났다. 이런 장소에서 늘 그렇듯, 모든 병자를 치유할
수 있는 샘물이 솟아올랐던 것이다. 루르드Lourdes 성지처럼 사람들은
이곳에서 목을 축이고 성수를 귀중한 병에 담아간다. 이곳 사람들이
들고 오는 빨간 플라스틱 통은 성스럽다기보다 비속해 보이지만.

마호메트의 8대 후계자인 이맘 레자가 죽은 지 8년 후 이 장대
한 능을 짓도록 한 사람은 위대한 대상숙소 건설자 샤 아바스Shah
Abbas(1571~1629)이다. 어느 성지나 그렇듯, 이 사원의 상인들은 메달,
포스터, 물병 등 갖가지 소품을 비롯해 별 상관도 없는 잡동사니를 거
리낌 없이 팔고 있다.

실크로드의 상인들은 마슈하드를 무시하고 네이샤부르에서 로바
테 샤라프Robat-e-Sharaf까지 곧장 이동했다. 메르프Merv(투르크메니스탄에
있는 중앙아시아의 고대 도시)에 가기 전에 들르는 로바테 샤라프에는 대
상을 위한 시설이 잘 갖춰져 있었다.

지상 5,000제곱미터 크기의 거대한 대상숙소는 지어진 지 6세기
후인 12세기에 개축되었다가 현재 복원 중이다. 건축가는 자신의 모
든 상상력을 발휘해, 벽돌이라는 단 한 가지 재료로 경이로울 정도로
다양한 문양을 만들었다.

작업장을 터덜터덜 걷고 있는데 엄청나게 큰 소리가 들렸다. 쇼레
였다. 지금까지 보인 자제심과 미소는 온데간데없이 후다닥 뛰어오
는 것이 보였다. 벽 아래에서 뱀을 잡은 인부가 의기양양한 나머지 포
획물을 막 그 앞을 지나가는 쇼레의 코앞에 들이댔다고 한다. 쇼레의

로바테 샤라프에 있는 거대한 대상숙소의 입구.

Robat-e-Sharaf | 닫은 종종 비추리니

얼굴은 파랗게 질렸고 온몸은 귀신이라도 본 것처럼 부들부들 떨렸다. 쏘아대고, 기어오르는 것에 나보다 더 질색하는 사람이 여기 있었다. 사막은 엄청나게 많은 함정으로 가득하다. 인간은 길을 지나가다 눈앞에 펼쳐진 장관을 보며 마치 자신을 위해 만들어진 천국이라 생각한다. 이곳에서 모든 권한을 가진 것은 자연이며, 인간의 삶은 다른 어느 곳보다 가치가 없다는 사실은 잊은 채.

이란은 동양과 서양 사이에 놓인 다리라고 한다. 서쪽으로는 로마와 비잔틴, 동쪽으로는 인도와 중국의 영향을 받았다.

아랍인의 정복으로 이슬람의 영토가 된 페르시아는 아케메네스 왕조Achaemenes dynasty 시절 페르시아 제국의 국교였던 조로아스터교를 포기한다. 이 때문에 조로아스터교의 추종자는 동쪽, 특히 인도로 이동했고, 이곳에서 페르시아 공동체를 형성한다. 주목할 것은, 이슬람교 말고는 어떤 종교도 용납하지 않는 물라와 달리 당시 정복자였던 무슬림은 다른 종교를 믿는 사람에게 관용을 베풀었다. 이란에서 관용 정신이 퇴보한 것은, 아야톨라 호메이니의 휘하에 이슬람 공화국을 건립했던 혁명 이후 뚜렷해진 현상이다.

금지, 프로파간다, 억압. 이것이 이 공화국의 좌우명이다. 하지만 페르시아 사람들은 너무나 위대한 문명을 물려받은 이들이기에 광신적인 이슬람 지도자에 맞서—입은 다물고 있지만—머리는 꼿꼿이 들 수 있다. 그들의 선한 기질과 용기는—스위스 출신의 여행가 니콜라 부비에Nicolas Bouvier는 이 둘이 합쳐져 하나를 이룬다고 말했다—세상에 대한 철학적이고 시적인 시선에 근간한다.

비유가 아닌 본래 의미로 보면 우리는 꼭두각시다.
하늘은 실을 잡아당기며 즐긴다.
우리는 얼마간 존재라는 장기판 위에서 놀다가
하나 둘 무無의 상자 속으로 다시 떨어진다.
─오마르 하이얌

이란 횡단은 끝이 났다.

쇼레는 우리와 헤어지게 되어 감정이 북받친 것 같았다. 우리도 말할 수 없이 마음이 아팠지만, 쇼레를 포옹하지 않으려고 자제해야 했다. 그래서 완곡한 어조와 눈길로 쇼레에게 얼마나 많은 애정을 가지고 있는지를 전했다.

모체 케람(고마워요), 쇼레. 호다 하페즈(다시 만나요).

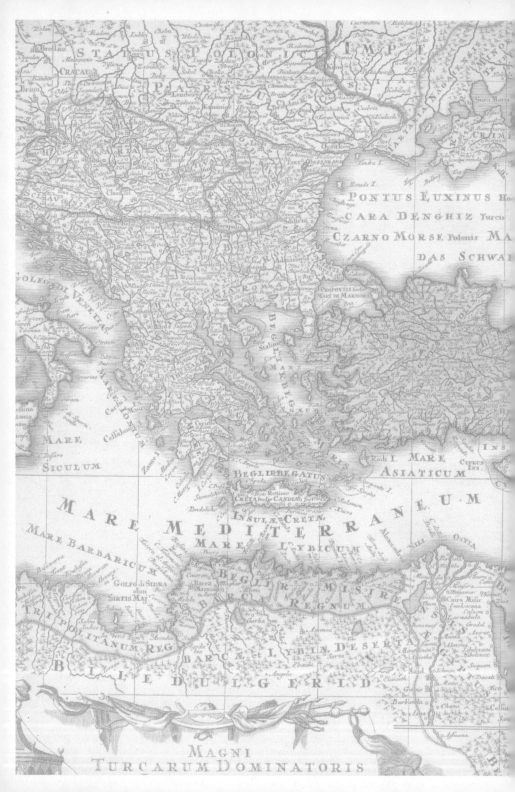

Turkmenistan

투르크메니스탄

☽

'슬픔 위에 피어난 사막의 꽃

'칸 중의 칸'은 '세계의 여왕'의 오만에
죽음으로 값을 치르게 했다.
칭기즈 칸의 군대에 멸망 당한 메르프의 폐허.

형편없는 마약상

·:)

Ashkhabad

투르크메니스탄 도보 여행에 대한 기억은 잿빛 풍경과 환한 햇살, 친밀한 것과 낯선 것 등 대조적인 이미지가 한데 섞인 안개 같다. 또한 마음 깊숙한 곳에는 잠시 지나가는 외국인인 내게 마치 오래된 친구라도 만난 듯 문을 활짝 열어준 사람들의 따뜻한 이미지가 자리하고 있다. 프랑수아에게 이런 얘기를 해주었는데, 오늘은 이 친구가 딴생각에 빠져 있는 것 같다. 무슨 생각을 하고 있는지 짐작은 할 수 있다. 그의 머릿속에는 사마르칸트Samarkand의 푸른 돔을 보겠다는 생각밖에 없을 것이다. 투르크메니스탄은 프랑수아에게 들러 가는 곳일 뿐이다.

잘못된 생각은 아니다. 이슬람의 땅인 이곳은 1991년까지 구소련에 점령당하면서 종교에서 분리되었다. 이 나라의 국경은, 어떻게 보면 지극히 인위적이다. 스탈린은 민족 분리를 위해 구제국을 조각내 관료 지상주의적인 의지로 모스크바의 공산당 정치국에게 스텝을 재단하도록 했다. 다음은 경제적인 측면이다. 자연환경이나 인적 조건으로 볼 때, 이 나라에서 생산할 수 있는 것은 돈이 되기 힘든 원자재

뿐이다. 면은 몇 년 동안 구소련 국가에 헐값으로 팔리고 있다. 가스도 투르크메니스탄의 풍부한 자원이지만, 어떻게 운반해야 할지 모르고 있다. 가스를 운반하려면 이란이나 러시아, 우크라이나를 지나는 수천 킬로미터 길이의 파이프라인을 건설해야 하는데, 서구에 운반하기 위한 것으로는 카스피 해를 거치는 거대한 파이프 하나가 있을 뿐이다.

투르크메니스탄의 세관원은 프랑수아의 가방 안에서 웬 '꾸러미'를 발견하고 소스라치게 놀랐다. 그러더니 사나운 눈길로 내 친구를 쳐다보고, 알아듣지도 못하는 세 마디를 내질렀다. 동료 세관원들이 고개를 들었다. 드디어 무슨 일이 벌어지겠구나! 내 가방에 코를 박고 있던 세리가, 하던 일을 팽개치고 무슨 일인지 알아보러 갔다. 세관원들은 우리를 형편없는 마약상이라고 확신하고 의논을 했다. 마약상이라고 판단한 것은 꾸러미가 수상했기 때문이고, 형편없다는 것은 그 수상스런 꾸러미를 감출 생각도 하지 않았기 때문이다.

천만다행히도 무라드가 있었다. 정규군의 군복 상의를 괴상하게 입혀서 군인처럼 변장시킨, 작은 키에 약삭빠른 남자다. 그런데 이 군복 상의는 무라드 같은 사람 네 명이 들어갈 정도로 컸다. 그는 머리를 써서 남아도는 부분을 뒤로 접고, 수통이나 탄창 등을 다는 군용 허리띠로 허리를 졸라맸다. 이 남자는 민간인 영어 교사로, 세관원들이 짖어대는 소리를 우리에게 통역해주었다.

"이게 뭐야?"

"금연 패치인데요."

프랑수아의 대답에 세리들은 아연실색했다.

이 일 때문에 족히 한 시간 이상은 더 묶여 있어야 할 것 같았다. 무라드가 설명하기를, 추가로 세금을 내야 하는데, 세금은 꼭 이 나라 화폐인 마나트로만 받는다고 한다. 그런데 우리한테는 마나트가 없었다. 이란에서 투르크메니스탄 국경 사이의 중립 지대—300미터 정도 된다—를 버스로 이동해야 했는데, 기사가 버스비 1달러—우리한테는 얼마 안 되지만, 그에게는 엄청난 금액이다—를 내라고 했다. 반발심이 생겨, 달러는 없고 이란 돈이 남은 게 있다고 하면서 호주머니에 불룩하게 들어 있던 동전 더미를 내밀었다. 그 와중에도 정직한 운전사는 거스름돈을 주었다. 500숨짜리 지폐였다.

딸랑딸랑.
낙타가 새겨진 종을 파는 상인.

마리와 메르프 사이에 있는
시장에서 만난 농부들.

투르크메니스탄의 지폐에는 사파르무라트 니야조프Saparmurat Niyazov(1940~2006. 1990년 투르크메니스탄의 대통령으로 선출되었고 1999년 종신 대통령에 당선되었다)의 둥근 낯짝이 선명하게 찍혀 있었다. 우둔함, 과대망상, 거드름이 묻어나는, 피둥피둥 살이 찐 작은 폭군의 얼굴이었다. 이 나라에 머무르는 사람이라면 누구든 걸핏하면 이 낯짝을 봐야 하는 형벌을 받게 된다. 은행 지폐는 물론이고, 집의 벽면이나 텔레비전에도 있다. 텔레비전 화면의 한쪽 귀퉁이에는 24시간 내내 그의 옆얼굴이 자리를 차지하고 있다. 어디를 가나 존재하고, 전지전능하기까지 해서, 감히 자신에게 맞서는 자들에게 가차 없이 잔인한 응징을 내린다.

니야조프 숭배는 순금을 입힌 거대한 그의 동상이 있는 아슈하바트Ashkhabad에서 정점에 이른다. 선물을 주듯—아니면 소유하듯—손을 내밀고 있는 동상은 투르크메니스탄의 수도에서 가장 높은 건축물로서 태양의 움직임에 따라 돌아가도록 정교하게 설계되었다. 사막 국가인 이 나라에서 낮에 비추는 또 다른 별이라도 되는 것처럼. 한 가지 그를 언짢게 하는 것이 있다. 니야조프가 억압을 통치 방식으로 택한 유일한 사람은 아니라는 사실이다. 그런 사실을 확인하려면, 동쪽으로 고개를 돌려보기만 하면 된다. 동쪽에 있는 그 나라의 문에, 그 나라의 농치사가 있을 테니까.

절대 금지

Ashkhabad

세관원 철창 뒤에서 새로운 가이드 무싸와 운전사 바이람이 우리를 기다리고 있다. 우리는 더위에 지칠 대로 지쳐서 풀 위에 주저앉아 무싸가 OVIR(구소련 지역의 출입국 관리국)에서 우리의 등록 서류를 작성하기를 기다리고 있다. 여기서는 경찰이 서류를 확인하지 않으면 뭐 하나 할 수 있는 것이 없다. 그들은 우리를 짙은 색 유리창이 끼워진 크고 하얀 리무진에 태웠다. 마치 우리의 여행이 비밀에 부쳐지기를 바라기라도 하는 듯.

굳이 머리를 굴리지 않아도, 이 작자들이 우리한테 돈을 빼먹으려 한다는 것쯤은 쉽게 짐작할 수 있었다. 우리 통역원의 생활 윤리는 두 가지 전제 아래 좌우된다. 첫 번째 가설. 부자가 되고 싶다면―이 남자는 부자가 되고 싶어 하며, 얼마 전 결혼을 했는데 결혼식에 초대한 하객 수가 직장이 있는 아슈하바트에서 150명, 고향인 차그주에서 300명이나 되었다―돈이 있는 곳을 귀신같이 찾아내야 한다. 그렇게 하려면 관광객의 호주머니에서 돈 냄새를 맡아야 한다. 두 번째 가설. 계속 돈을 벌려면, 골치 아픈 일은 피해야 한다. 여기서는 거의 어디서나 '골치 아픈 일'이라고 하면 곧바로 '경찰'이라는 말과 연결된다. 경찰 나리들의 심기를 건드리지 않으려면 몸을 사려야 한다. 다시 말하면, 이런 태도를 지상 명제로 받들어야 한다는 것이다. 너희는 아무 권리가 없지만 뭘 하든지 돈을 내야 한다.

곧 무싸의 본질이 드러났다. 그는 언제든지 무슨 일에 대해서나 미리 못을 박아두는 데 탁월한 인간이었다. 카메라? 절대 금지! 무거운 벌금을 피하기 위해 뇌물을 집어주지 않는 한. 일사병에 걸리지 않기 위해 모자를 사라는 격인가? 우리가 무슨 물건을 사려고 할 때마다 무싸는 늘, 사기 치지 않고 장사하는 사람은 딱 한 사람뿐이라며 그 사람한테 물건을 사게 했다. "글쎄, 가축 시장 구경? 외국인에게는 절대 금지인데, 단……." 계속 이런 식으로 나오니 어처구니가 없어, 단호하게 가겠다고 했다. 누가 날 등쳐먹고 마음대로 군다는 것을 알면 짜증이 나는 법이다. 우리는 누구한테든 빚진 게 없다. 무싸는 알겠다고 대답하고는, 바이람과 차에서 우리가 올 때까지 기다리기로 했다.

그러나 앞으로 나갈 수가 없었다. 인자한 아버지 같은 모습과 달리, 돈벌이에 혈안이 되어 희번덕거리는 어느 정신병자가 자기 손으로 우리 카메라를 가리더니 어서 도망가라고 했다. "KGB예요." 우리를 바보로 아는지 무싸가 이렇게 말했다. 하지만 미치광이의 나라에서 괜한 위험을 감수하는 것은 무모한 일일 것이다. 우리는 화가 머리끝까지 나서 두 공모자가 기다리는 곳으로 돌아왔는데, 형편없기 짝이 없는 위선자도 이렇게 곧잘 연기를 하다니 놀라움을 금치 못했다. 뒤에서 이런 짓들을 하다니 짜증이 났다. 그래서 나도 프랑수아처럼 먼 곳을 바라보았다. 부히리 골목을 향해, 시마르간드의 푸른 돔을 향해……

칭기즈 칸의 잔인한 보복

☽

Merv, Chardzou

하지만 즐거운 일도 있기는 했다. 이란에서 새까만 차도르만 보다가 투르크멘 족 여자들이 입은 화려한 색의 옷을 보니 기분이 좋았다. 또 하나. 이곳 여자들은 팔도 내놓고 다리도 내놓고 몸을 드러낸다. 갈색 피부는 눈길을 잡아끌고 감탄을 자아냈다. 우리는 이란 여자들의 몸을 무겁게 뒤덮는 검정 커튼이 얼마나 우리의 기분을 우울하게 만들었는지 깨닫지 못하고 있었다. 사라질 수 없는 것, 다시 말해 미묘한 관능을 감추는 것은 욕망을 더욱 부채질하는 법이다. 어렸을 때 읽은 소설도 그런 식으로 날 사로잡았다. 마차에 올라타는 귀부인의 발목을 보고 감탄한 기사의 얘기가 있었다. 사랑과 관능에 대한 갈증은 베일 속에 묻힐 수 없다. 그런 갈증은 눈에 드러난다. 이란 여자들이라고 해서 그런 갈증이 눈에 드러나지 않은 것은 아니다.

하지만 투르크메니스탄에서 알록달록한 옷을 보니 오랫동안 볼 수 없었던 태양이 떠오른 아침을 맞는 기분이었다. 오늘 우리 눈앞을 지나가는 여자들은 예쁘건 조금 못하건 모두 록사네Roxane(박트리아 호족의 딸로 알렉산드로스 대왕의 첫 왕비)로 보인다. 2000년 전, 바로 이 땅에

형형색색 화려한 투르크멘 족 여인의 옷은
이란에서 검은 차도르만 보던 우리의 눈을 상쾌하게 해주었다.

서 자신을 정복자라고 믿었던 알렉산드로스 대왕을 정복한 록사네.

　아름다운 꽃은 시체가 묻힌 땅 위에서 더 잘 자라는 것일까? 메르프의 길가에는 접시꽃이 도도한 자태로 활짝 피어 있다. 사막의 바람이 불어와 물기를 다 가져가버려도 조금이라도 물을 뿌려주는 친절한 이의 손길이 있기만 하면, 접시꽃은 무럭무럭 자라난다.

　메르프는 기구한 역사를 가진 도시다. 폐허에서는 한없는 슬픔이 묻어난다. 하지만 영광의 시대도 있었다. 알렉산드로스 대왕은 이곳을 알렉산드리아로 개명했다. 첫 번째 밀레니엄 말기에, 사만 왕조 Sāmānid dynasty의 술탄들은 이곳에 무역과 문화를 비약적으로 발전시켰다. 모든 조건이 이 도시를 전 세계적으로 유명한 수도로 만들기에 충분했다.

　12세기에는 열두 개의 도서관이 있었다. 사람들은 『천일야화』의 무대가 된 곳이 바로 여기라고 말한다. 신의 은총을 받은 이 도시는 10세기부터 12세기까지 '세계의 여왕'이라 불리며 동양에서 가장 큰 도시로 간주될 정도로 번성했다.

　그러다가 칭기즈 칸이 사신을 보내 말에게 먹일 수 톤의 귀리와 자기네 장군들을 즐겁게 해줄 수십 명의 처녀들을 보내라고 요구하던 날부터 모든 것이 흔들렸다. 칭기즈 칸의 요구에 대한 답변은 신속했지만, 무례하기 짝이 없었다. 칭기즈 칸의 요구를 전하러 온 불쌍한 사신들의 목을 자르는 것으로 응답했던 것이다. 칭기즈 칸은 복수심이 강한 사람이었다. 그는 3년 후 아들 톨루이를 선두로 8만 명의 병사를 보내 메르프를 점령하도록 했다. 몽골인에게는 고된 전투가 예견되었다. 메르프는 다섯 겹의 성곽이 동심원을 그리고 있었고, 그중심에는 성채가 있었다. 성벽은 모두 합쳐 길이가 100킬로미터 이상이고—그중 몇몇은 높이가 35미터에 달했다—기본 폭은 17미터였다. 이 도시에는 7만의 병력을 갖춘 군대가 있었다. 당시 인구 100만 명을 계산하지 않아도, 공격군과 거의 맞먹는 숫자였다. 보유 병력으로 볼 때, 이론상으로는 난공불락의 도시였다.

1222년, 몽골인들이 성벽 아래 도착한다. 역사는 종종 이해할 수 없는 수수께끼를 품고 있다. 그토록 강력했던 도시가 어떻게 전투 한 번 없이 포위 공격 1주일 만에 항복을 택했을까? 패배한 쪽은 한 가지 조건만 제안했다. 시민의 목숨을 살려달라는 것. 톨루이는 그렇게 하겠노라 약속을 한 뒤, 시민들을 성벽 아래 집결시키고, 사흘 밤낮으로 몽골 병사들에게 가차 없이 목을 치게 했다. 여자와 어린아이도 예외는 아니었다. 심지어 동물까지 죽였다. 성벽은 무너지고, 강줄기의 방향이 바뀌었다. 티무르Timur(1336~1405. 14세기 인도를 거쳐 지중해 지역까지 정복했던 투르크 족 지배자)의 아들이 이 도시를 폐허에서 일으키려고 온갖 노력을 했지만, 초토화된 도시는 되살아나지 않았다. 몇 세기가 지난 후, 멀리 떨어진 곳에 슬픈 도시 마리Mary가 세워졌다.

카라쿰Karakum 사막은 특별한 관심을 불러일으키지 않는 곳이라 우리는 서둘러 레페테크Repetek로 왔다. 내게는 좋은 추억거리를 준 오아시스다. 소금기 있는 물이 흐르는 이 오아시스—그래서 담수를 꼭 챙겨야 한다—에는 놀라울 정도로 다양한 식물이 있고, 동물 역시 그에 못지않을 정도로 많다. 뱀의 송류만 해노 28종—그중 4종은 독뱀

카라쿰 사막이 시작되는 곳.
3년 전 나는 이곳을 걸어서 지났다.
작열하는 태양 아래 타는 듯한 고요한 광야가 나를 옥죄면
자유로운 왕이 된 듯했다.

이다─이고, 치타와 가젤도 있고, 나비도 70종이나 된다. 날아다니는 대신 뛰어다니는 게 특징인 새 소이카도 있다. 담수에서만 사는 흰색 삭사울나무saxaul tree와 짠물만 좋아하는 검정색 삭사울나무처럼 키가 3미터나 되는 식물도 있다. 초록색 '암소 꼬리'나 분홍색 '호랑이 풀'처럼 이름이 예쁜 풀도 있다.

무싸의 고향 차르조우Chardzou(현 투르크메나바트)에서 투르크메니스탄의 여정을 끝냈다. 무싸에게 가족을 만날 수 있도록 휴가를 하루 주었다. 우리 입장에서는 떨쳐내려고 그랬던 것이지만.

그 덕분에 '금'이라는 뜻의 이름을 가진 알틴을 우연히 만나, 그녀의 안내로 시내 구경도 했다. 알틴은 아름답고 재미있는 여자였다. 우리는 자습 시간에 몰래 도망 나온 중학생처럼 즐거워했다.

고마워요, 알틴. 좋은 추억을 가지고 이 나라를 떠날 수 있게 해줘서……

화사한 아름다움만큼이나 유쾌한 여인.
알틴은 우리에게 차르조우 시내를 구경시켜주었다.

끝날 줄 모르고 이어진 길을 걸으면서 말 그대로 절망감을 느꼈다.
여섯 시간째 걷고 있는데,
더 이상 나아가지 못할 것 같은 기분이 들었다.
잎이 거의 떨어진 에셀나무 덤불은 한 치의 그림자도 드리우지 않았다.
아침부터 12리터에 가까운 물을 마셔댔지만
내 몸에는 한 방울의 물도 남아 있지 않다.

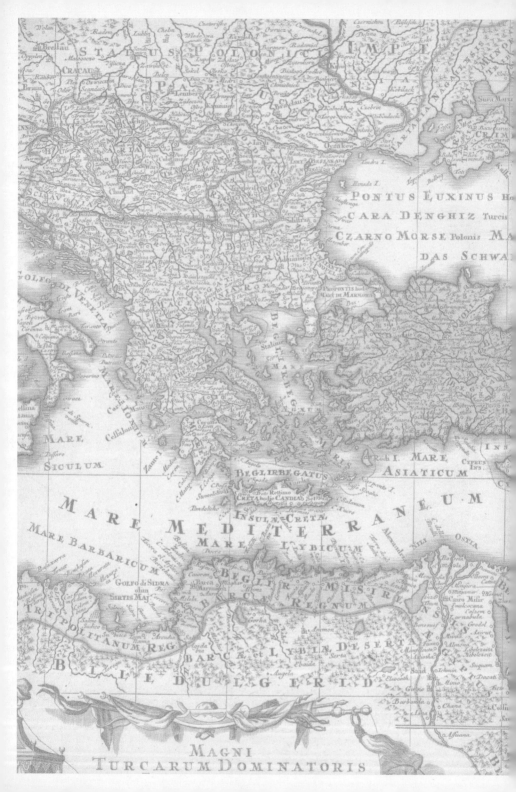

Uzbekistan

우즈베키스탄

C ★★★★★★★★★★★★

사마르칸트의 푸른 돔

가스관과 전선이 복잡하게 얽혀 있는
부하라의 좁은 골목길.
구시가지의 건물은 대체로 키가 작은 편이다.

종교적 열정과 잔혹한 통치

C ***
*****
*****

Bukhara

어린아이처럼 통통한 볼에, 몽골인의 후예인 듯 찢어진 눈의 쾌활한 남자, 코밀 에르마토프가 호텔로 찾아왔다. 원래는 국경까지 우리를 마중 나오기로 했는데, 서둘러 오느라 과속을 하는 바람에 경찰에게 붙잡혔다고 했다. 그 와중에도 범칙금을 깎았다고 하니 수완 하나는 대단한 모양이었다. 하지만 국경까지 나오기로 한 약속을 지키지 못해 어쩔 줄 몰라 하며 부랴부랴 숙소까지 찾아온 것이다.

숙소인 라비 하우스 호텔은 시내 중심에 있는 연못 주변에 세워진 광장 '라비 하우즈Labi Hauz' 근처에 있다. 서양인 전용 숙소로 안락하고, 신기하게도 욕실의 수도가 새지 않았다. 이 건물은 원래는 유대인 가족이 살던 집인데, 소비에트 연합이 해체된 후 다른 곳으로 떠나버려 호텔로 변모했다. 유대인 대부분이 이 가족처럼 떠나버렸다고 한다.

우리는 얼른 라비 하우스에 짐을 풀었다. 돌도 녹일 것 같은 더위가 기승을 부렸지만, 수백 년 된 나무딸기 그늘에 한 변이 20미터에 달하는 저수조가 있는 모습을 보니 한결 시원한 느낌이 들었다. 제

라비 하우즈 근처 주택가.
부하라 구시가지에는 시간을 초월한 삶의 모습이 남아 있다.

일 오래된 나무에는 1477년이라는 출생 연도가 적혀 있었다. 부하라 Bukhara에서 특징적인 이런 저수조, 즉 하우즈Hauz는 주민들에게 물을 공급하는 동시에 상쾌한 공기를 유지시켜준다. 과거 부하라에는 100 개도 넘는 저수조가 있었다고 한다. 하지만 러시아인들이 소비에트의 모든 저수지를 메워버리겠다는 해괴한 생각을 실행에 옮기는 바람에 대부분 사라졌고, 다행히 세 개가 살아남았다.

사람들은 라비 하우즈 주변에 많이 모이지만, 함께 어울리지는 않는다. 북쪽에 있는 관광객들은 탁자에 둘러앉아 차가운 맥주를 마시고, 남쪽에 있는 우즈베키스탄 사람들은 나무 의자에 앉아 탁탁 소리를 내며 카드와 도미노를 즐긴다. 아이들은 시원한 곳을 찾아 저수조 끝에 있는 죽은 나무 위로 올라가서 큰 소리를 지르며 물속으로 첨벙 뛰어들었다가, 경찰관 모자가 보이면 즉시 찌르레기 떼처럼 달아날 준비를 하고 있다.

아이들이 무척이나 좋아하는 것이 또 하나 있다. 저수조 근처의 커다란 플라타너스 나무 그늘에 있는 동상이다. 홀쭉하고, 수염을 기르고, 행복한 표정을 한 이 호인은 당나귀를 탄 채, 가죽 슬리퍼를 신은 발로 땅을 질질 끌고 있다. 이 인물은 전설 속의 현자 나스레딘 호자 Nasreddin Hoja(이슬람교도인 투르크 족 사이에 널리 퍼진 민화의 주인공. 실존 인물인지는 확실하지 않다)다. 겉으로 보기에는 바보 같지만, 실제로는 현명하기 그지없는 사람이다. 프랑스에서 나스레딘 호자가 등장하는 민화집을 세 권 읽은 적이 있는데, 해학이 넘쳐났다.

4년 전, 부하라에 들렀을 때는 실망스럽기 짝이 없었다. 경이로움과 끔찍함이 뒤섞여 있고, 종교와 관광에 지나치게 치우쳐 있으며, 수

많은 잔혹 행위를 상기시키는 곳이었기 때문이다. 특별한 언급이 필요한 군주는 단연코 나스룰라Nasrullah 칸일 것이다. 신하들은 그를 '백정'이라고 불렀다. 나스룰라 칸은 왕위에 오르자마자 자기 자리를 뺏길까 봐 아버지와 아들을 처형했다. 그리고 확실한 이유는 알려지지 않았지만, 형제 셋을 비롯해 가족 열여덟 명을 살해했다. 무역협정을 논의하기 위해 차르 편으로 방문했던 니콜라스 이그나티에프Nicolas Ignatieff의 증언에 따르면, 왕궁으로 이어지는 길옆에는 땅에 박힌 창이 즐비했는데, 그 아래 사람의 목이 썩고 있었다고 한다.*

어느 나라나 시대든, 인간은 정교하게 공포를 조성하고 형벌을 만들어낼 줄 아는 예술가다. 맹목적이고 과도한 애정을 가진 또 다른 칸은 임종을 앞두고 가장 아름다운 부인과 세 딸을 침대로 불렀다. 단지 자기가 사랑하는 여인에게 누군가 손을 댄다는 상상조차 참을 수 없었기에, 칸은 그 자리에서 이들을 처형했다.

이런 끔찍한 모든 이야기들이 다시 기억났다. 야만적인 과거의 피가 흘러내리는 것 같아 이 기적적인 건물에 대해 어떤 감흥도 느낄 수가 없는데, 칼란 첨탑 앞에서 감탄사를 연발하고 있는 관광객 무리를 보니 짜증이 치밀었다.

오늘도 야외 박물관이라 할 이 도시의 거리를 프랑수아와 같이 걸었는데, 어떤 노래 자락이 머리에서 뱅뱅 돌다가 입으로 흘러나왔다.

* 조프리 무어하우스, 『사마르칸트의 순례자』, 페뷔스, 1993.

이제 포도나무가 있다.

여기서 포도가 자라겠지.

이 포도주를 마시는 자,

친구의 피를 마시게 되리.

—가스통 몽테위스(프랑스의 가수), 〈빨간 장화〉

프랑수아는 우울한 기분을 날려버리라고 하면서, '관광'은 그만두
자고 넌지시 권했다. 그래, 2000년에 만났던 친구들을 찾으러 가자.
그쪽이 기운을 차리는 데 좋을 것이다. 내 마음은 그렇게 기울었고,
프랑수아의 말이 옳다고 생각했다. 하지만 다른 한편으로는 이 친구
의 볼 권리까지 뺏을 수 없다는 생각이 들었다. 세계 곳곳에는 기회가
된다면 꼭 봐야 할 건축물이 있는데, 바로 가까이 왔다가 지나쳐버린
다면 두고두고 후회하게 될 것이다. 더군다나 칼란 첨탑과 47미터에
이르는 백 년된 벽돌을 어떻게 못 본 척 지나칠 수 있단 말인가.

이 첨탑은 건축 당시 아시아에서 제일 높은 건물로, 칭기즈 칸을
기절초풍하게 했다. 후에 칭기즈 칸은 이 도시를 전멸시켰지만, 이 첨
탑만은 살려두었다. 첨탑은 밤이면 대상들에게 등대 구실을 했고, 또
한 더 정교한 용도로 사형 집행에 이용될 수도 있었다. 어린 시절 어
른들이 새로 태어난 고양이를 부대에 담았던 것처럼, 사형수를 부대
에 넣고 꽁꽁 묶어 탑 위에서 떨어뜨린 것이다. 전설에 따르면, 탑 위
에서 떨어진 어떤 여자는 차도르를 낙하산처럼 이용해 목숨을 건졌
다. 이슬람 근본주의자들이 이런 전설을 이용해 어떻게 교조주의를
강화시켰는지 상상이 가고도 남았다.

등대 혹은 사형대.
부하라의 칼란 첨탑은 대상들에게는 생명의 빛을 던져주었지만,
사형수들에게는 목숨을 빼앗기는 냉혹한 형장이었다.

가슴 벅찬 재회

9세기 전부터 칼란 첨탑은 온갖 일들을 겪고 살아남았다. 반복되는 지진, 러시아인들이 재미로 날린 포탄……. 이 첨탑이 위치한 칼란—칼란은 '크다'는 뜻이다—이슬람 사원은 신도 1만 명을 수용할 수 있다. 사원을 건축할 당시 이미 이런 규모를 예상하고 지은 것이다.

2000년 9월 부하라에 도착했을 때 어떤 남자에게 길을 물은 적이 있다. 좀 멍해 보이는 그 남자는 막 따온 신선한 야채로 가득한 바구니들을 자전거에 잔뜩 싣고 끌고 가던 중이었다. 남자는 나와 얘기를 나누다가 결국에는 날 데리고 자기네 집으로 갔다. 집이 6층에 있어, 내 수레 윌리스Ulysse(그리스 신화의 방랑자 오디세우스의 프랑스식 표기. 2001년 저자가 사마르칸트에서 시안까지 여행할 때 사용했다. 이 수레는 『나는 걷는다』 3권 '스텝에 부는 바람'에 소개되었다)와 그의 자전거를 함께 끌어올려야 했다. 집에 도착하니, 그의 아내와 세 아이들이 우렁찬 소리로 우리를 맞이했다.

이제 그 남자가 살던 나보이 거리Prospekt Navoï에 도착해보니 무시무시한 콘크리트 조각만 널려 있었다. 프랑수아와 조심스럽게 그 조각들을 걷어냈지만 아무것도 찾을 수 없었다. 사람들은 그 남자의 가족이 동네를 떠났다고 말했다. 어디로 갔는지는 모른다고 했다. 철석같이 만나리라 기대했던 사람들을 만나지 못하게 되자 감정을 주체할 수 없었다. 도무지 믿기지 않았다. 이 사람들을 만나려고 그렇게나 열심히 여행 준비를 했는데 이제 아무 소용없는 일이 되고 말았다니. 예상치 못한 일이 닥치자 충격이 컸다. 돌을 밟으며 걷고 있는데, 누군가 내 발밑에서 돌을 빼버린 격이었다. 돌 아래는 허공인데……. 가슴에 구멍이 뻥 뚫린 것 같았다. 친구가 흔적도 없이 사라지다니, 정신이 멍해졌다.

내 실망감을 추스르기 위해, 프랑수아는 다른 하우즈를 보러 가자고 했다. 우리가 보러 간 하우즈는 물이 말라버렸고, 그 덕에 정교한 구조를 살펴볼 수 있었다. 유명한 예멘의 저수지와 비슷한 구조였다. 피라미드를 뒤집어놓은 모양에 계단이 있어 수심이 얼마나 되든 쉽게 물을 길 수 있다. 사막이나 다름없는 이런 나라에서 물의 의미는 몸에 필요한 성분 그 이상이다. 물은 영혼을 재생하고 정화하기도 한다. 때문에 본래의 순결한 상태로 돌아가도록 하기 위해 독실한 신앙을 가진 남자에게 목욕재계 의무를 부과하는 것이다. 진정으로 불결한 것은 영혼의 불결함이고, 육체의 더러움은 피상적인 것일 뿐이다.

프랑수아와 코밀이 예전에 푸틴Vladimir Putin의 요리사였다는 노인과 얘기를 나누는 동안, 나는 근처 이슬람 사원의 저수조를 카메라에 담았다. 기도용 모자를 쓰고 몸에 검은 털이 난, 인상 좋은 남자가 다가오더니 검지로 하늘을 가리키면서 러시아어로 내게 물었다. 나는 "여기에 온 게 처음이에요?"라는 뜻이라고 생각하고 "그렇나"고 내답하

려 했다. 그러나 그때, 자전거에 야채를 싣
고 있었던 남자, 파즐리와 이 사원에 온
것이 생각나서 처음 온 것이라고
말할 수가 없었다. 왜 그런
지는 몰라도, 지금 만난 남
자 얘기를 우리 가이드 코밀
에게 해야겠다는 생각이 들었
다. 늘 기운이 넘치고 활달한 코밀은
이번에는 자기가 나서서, 이가 많이
빠져 있는 모자 쓴 그 남자에게 물었
다. "파즐리 추쿠로프를 알아요?" 남
자는 나를 가리키며 질문하는 것으
로 대답을 대신했다. "이 사람, 베르
나르 올리비에예요?" 뒤이어 남자

푸틴 대통령의 요리사였다는
우즈베키스탄 노인.

입에서 놀라운 말이 튀어나왔다. "내가 파즐리예요".

우리는 서로 부둥켜안았다. 파즐리는 환하게 웃었다. 감동한 모습
이 역력했다. 파즐리는 2년 전 어떤 프랑스 부부를 만났는데, 그 사람
들이 자기한테 보내주겠다고 약속했던 사진을 계속 기다리고 있는
중이라고 했다. 나도 그 부부를 만난 적이 있다. 그 사람들 말로는 현
상한 사진을 파즐리에게 보냈다고 했는데, 아직 받지 못한 모양이었
다. 작년에 온 관광객들이 가방에서 내 책을 꺼내 파즐리에게 보여주
었는데, 파즐리가 책에 키스를 퍼붓고 울음을 터뜨렸다고 한다. 파즐
리는 나를 알아보기는 했는데, 정말 내가 맞는지 의심했다고 한다. 그

기적과도 같은 만남.
죽은 사람이 살아온 듯 재회한
파즐리와 감격의 포옹을 나누었다.

이유는 예전에 꼬질꼬질했던 몰골과 달리 너무 깨끗해서였다.

날이 어두워졌지만, 이대로 헤어지고 싶지 않았다. 우리는 샤실리크 Chachliks(꼬치에 꿴 일종의 바비큐 요리)를 사서, 교외에 있는 그의 새집으로 함께 갔다. 파즐리는 처갓집에서 살고 있었다. 부인 라노와 아이들은 여전히 큰 소리로 우리를 맞이했다. 시끌벅적한 재회에 이어, 안뜰의 옥수수 밭을 구경하러 갔다. 조그만 밭에서는 앞으로 다가올 겨울을 대비해 한 마리밖에 없는 암소의 꼴을 재배하고 있었

다. 얼마 후 6월 초에 추수를 하고, 가을에 또 한 번 추수할 예정이라고 한다.

파즐리는 순진한 사람이라, 친구한테 사기를 당하기도 했다. 알고 보니 처갓집에 얹혀살게 된 것도 그 때문이었다. 친구 대신 혐의를 뒤집어쓴 뒤 골치 아픈 일을 피하기 위해 주변에서 1,000달러를 빌려 경찰관에게 뇌물로 바쳤고, 결국 빌린 돈을 갚기 위해 나보이 거리의 아파트를 팔고 처가로 가야 했다. 처분한 아파트는 나중에 월세를 받아 아이들의 학비를 대려 했던 것이었는데 말이다.

조이브조 클리제프는 6년간 부하라에서 건축 책임자도 일하고 있

오래된 바자르와 대상숙소가 있던 실크로드의 거점 부하라.
프랑스 문화원은 이곳 대상숙소를 문화 행사장으로 개축했다.
오른쪽은 건축가 조이르초 클리체프의 모습.

다. 지금은 어떤 프랑스 협회가 사들인 대상숙소 네 채를 개축 중이
다. 개축된 건물은 프랑스 문화원 주관으로 열릴 다양한 행사와 전시
회, 연주회 장소로 사용될 예정이다. 부하라 사람들 말로는 외국 관광
객 중 프랑스 사람이 제일 많다고 한다. 영리한 바자르 상인들은 "헬
로우"라고 인사를 건네지 않는 서양인에게 "봉주르"라고 인사를 건
넨다.

사마르칸트를 향해 달려갔다. 띄엄띄엄 보이는 도로 표지판을 보
니, 확실히 '오크 욜Oq Yol(면화의 길)'을 지나고 있었다. 이 길은 우즈베
키스탄이 지닌 농업 문제가 무엇인지 바로 보여준다. 이 '하얀 금'은
언제든지 붕괴될 수 있는 세계 시장에 너무 기대고 있다. 게다가 농업
용지마다 면화가 자리를 차지하는 바람에 식량을 재배할 땅이 없어서
식량은 모두 수입에 기대야 한다. 또한 환경에 미치는 폐해도 심각하
다. 아랄 해가 말라버린 것이 대표적인 예다. 아케메네스 왕조 시대에
이 길은 '금의 길'이라고 불렸다. 무역은 박트리아Bactria(옥수스 강 주변
에 있던 옛 나라)와 중국 사이에서만 이루어졌는데, 거래 물품이 다양해
지면서 길도 연장되었다. 이 길이 바로 번영과 영광의 길, 실크로드다.
비단길은 이제 면화의 길이 되었고, 생태계 재난의 현장이 되었다.

사마르칸트로 들어가기 전, 예전에 친절하게도 내게 호의를 베풀
어준 매력 있는 부부 막심과 이라를 다시 만나려고 길을 조금 돌아갔
다. 그러나 두 사람은 이제 그곳에 살고 있지 않았고, 목을 축이러 들
어간 술집 주인은 우리를 경계했다. 장작더미 위의 나무 막대에 철사
로 발이 묶인 채 무료하게 있는 독수리는 이따금 식당에서 나오는 음
식 쓰레기를 먹이로 받아먹는 쓰레기통이나 다름없었다.

떠나가는 젊은이들

Samarkand

프랑스어를 유창하게 구사하는 무니하 바히도바는 알리앙스 프랑세 즈Alliance Française(프랑스 정부 산하 프랑스어 전문 교육기관으로 전 세계에 진출해 있다)에서 프랑스어를 가르치다가 이제는 관광업에 종사하고 있는데, 얼마 전 남편을 잃었다. 이 때문에 상중임을 알리는 커다란 흰색 스카프로 머리를 덮고 조의를 표하러 집에 온 이웃 여자들을 맞이했다. 남자 조문객은 남동생이 접대할 것이다. 무니하만 상을 당한 것은 아니었다. 옆집 사람은 러시아에 일을 하러 갔던 스무 살짜리 아들을 땅에 묻었다. 이곳의 월급이 너무 적어 젊은이들이 돈을 벌기 위해 외국으로 나가는 경우가 많은데, 그 결과 이 남자처럼 관에 실려 자기 나라로 돌아와도 부모는 자식이 어쩌다 목숨을 잃었는지 모르는 경우가 허다하다.

하지만 꼭 가난 때문에 외국으로 일하러 가는 것은 아니다. 무니하의 이웃에 궁궐 뺨칠 정도로 거대한 저택도 있는데, 이 집주인은 값비싼 취향을 가진 탓에 값비싼 희생을 치러야 했다. 부부가 돈을 벌기 위해 호주로 10년간 일을 하러 떠난 것이다. 스스로 나라를 떠나는

무니하 바히도바는 4년 전과 같이 이번에도
우리에게 큰 도움을 주었다.

우즈베키스탄의 지역 지도자인 아크사칼.

것은 늘 자신의 꿈을 이루기 위한 선택일 뿐이고, 그 꿈이 실현되느냐
아니냐는 복권을 산 뒤 결과를 기다리는 것과 마찬가지다. 중앙아시
아 출신의 젊은이들이 떠나는 곳은 주로 러시아로, 그 수가 무려 600
만 명에 달한다고 한다.

　이곳의 장례 풍습은 서양과 많이 다르다. 우선 죽은 사람은 사망
후 몇 시간 만에 바로 땅에 묻힌다. 반대로 장례식은 길다. 가족들은
사흘간 조문객을 맞이하는데, 남자와 여자는 자리를 함께하지 않는
다. 보통 남자 조문객은 남자 어른인 아크사칼aksakal*이 맞는다. 여자
들은 매장 20일 후 다시 모이고, 남자들은 40일 후에 다시 모인다. 제
사는 부모가 죽은 지 7개월 후 그리고 1년 후에 지낸다. 이때 공식적
인 탈상이 선언된다. 아크사칼은 보통 사진을 찍게 하지 않지만—종
교적인 이유로 금기시한다—근사한 흰 수염에 유쾌한 미소, 조각가
가 빚은 듯 인생의 주름이 가득한 이 마을의 아크사칼은 이런 말을
하면서 사진 촬영을 허락했다. "나는 돈이 없어서 절대 파리 구경을
할 수 없을 거야. 그래도 내 사진은 파리로 가겠지."

● 아크사칼—늘 노인이다—은 주민들이 거수로 뽑는 일종의 마을 책임자로, 가족 내
　분쟁을 중재하고 민간 예식이나 노우루즈Nowruz(춘분) 축제나 라마단Ramdān 종료 축
　제 등을 조직한다. 도움이 필요한 빈곤 가정을 선정해 국가의 지원을 받도록 하기도
　한다. 무보수인 데다가 법적으로 아무 권한도 없지만, 실제로는 무엇이든 할 수 있다.
　사람들에게 경외와 존경을 받고, 숭배의 대상이 되기도 한다.

평생의 계약, 결혼

★★★
★★★★
★★★★★
Samarkand

사비라 추쿠로프의 남편은 생전에 유명한 문학 비평가였다. 그녀와 아들 파루흐 그리고 그의 가족은 과일 나무가 무성한 안뜰이 딸린 집에 나를 묵게 해주었다. 그때 이 가족과 함께 전통 결혼식—여기서는 모든 결혼이 전통 예식을 따른다—의 하객이 된 적이 있다. 친구의 아들이 젊은 러시아 여인을 신부로 맞는 예식이었다. 신부를 외국 여자로 맞는 것은 묵인되지만, 그 반대 조합은 생각할 수 없는 일이다. 언어 문제를 보면, 이제 공식 언어는 우즈베크어이지만 타 민족과 소통할 수 있는 언어는 여전히 러시아어다. 하지만 올해부터 우즈베크어를 능숙하게 구사하지 못하는 직원을 사장이 해고할 수 있도록 법이 정해졌다. 과거 러시아어는 막강한 권력을 행사했지만 이제는 분명 그 주도권을 잃어버렸다.

다시 국적 얘기로 돌아오면, 우즈베키스탄에서는 민족마다 자기 국적을 지키는 것이 아주 중요하다. 타지크 족Tadzhik(타지키스탄과 아프가니스탄 등지에 사는 이란계 민족) 남자는 타지크 족 여자와, 우즈베크 족Uzbek(수도 우스베키스탄에 살고 있는 중앙아시아 민족) 남자는 우즈베크

족 여자와 결혼하는 것을 선호한다. 그래서 다른 민족과 결혼하는 것을 피하려고 한다. 하지만 결혼 상대자의 문화 수준을 따지는 경우는 별로 없다. 예전에 초대받은 결혼식에서는 대학을 졸업한 신부가 주유소에서 일하는 주유원을 남편으로 맞이했다. 이 결혼도 부모의 결정에 따른 것이었다.

우리는 사비라에게 손녀딸 율두즈가 중매가 아닌 '연애결혼'을 하겠다고 하면 허락하겠냐고 물었다. 사비라는 상대가 '허락할 만하고 인품이 훌륭하

유명 문학 비평가의 아내 사비라 추쿠로프.
그녀는 평생 수없이 많은 문인들을 대접했지만,
그녀의 이름을 책에 올린 사람은
나 한 사람뿐이다.

다'면 허락하겠다고 대답했다. 하지만 이런 조건은 누가 판단하는 것일까? 율두즈? 아니면 부모? "당연히 부모죠." 사비라는 내가 턱없는 소리를 한다는 듯이 대답했다.

이곳에서 결혼은 일시적인 모험이 아니다. 평생 계약이다. 몇몇 젊은 여성들이 감히 기존 규범을 위배한다고 해도, 전통은 여전히 견고하게 남을 것이다. 가족들이 상대에 대한 정보—건강, 가족의 결점, 도덕성, 딸의 지참금—를 얻고 나서 결혼을 허락하면 그때부터 일은 일사천리로 진행된다. 우리처럼 기존 규범에 얽매이지 않는 사람들은 이 결혼식에 얼마나 많은 돈이 들어갈지 짐작조차 할 수 없다. 지

사마르칸트에서 나를 재워준 사비라 추쿠로프의 아름다운 전통 가옥.
탐스러운 포도송이가 주렁주렁 열린 정원을 마주한 테라스에서
나는 2000년의 여행을 마감했고, 2001년의 여행을 시작했다.

참금에 해당되는 값비싼 예비 신부의 옷들은 40일 동안 방에 걸어 전
시되는데, 모든 사람들이 찾아와 신부의 옷을 구경한 뒤 예비 신랑 신
부와 부모에게 축하를 보낸다. 하객들은 일상생활에서 쓸 실용품을
선물한다. 신랑 신부가 결혼식에서 입는 옷은 대단히 화려하다. 잠깐
입는 옷이지만 엄청나게 비싸기 때문에, 빌려서 입거나 미래의 자녀
를 위해 고이고이 간직한다. 대담하게도 프랑수아는 사마르칸트의
왕처럼 화려한 전통 복장을 빌려 입고 사진을 찍었다. 입에 물고 있는
담배가 전통 의상과 어울리지 않기는 했지만.

폭군과 천문학자의 도시

★★★
★★★★
★★★★★

Samarkand

쾌활한 우리의 가이드 코밀은 아직 신혼이지만, 우리 같은 관광객을 안내하며 방방곡곡 다니느라 신부를 만날 시간이 별로 없다. 그런데 타슈켄트Tashkent에서 직장을 다니고 있는 신부가 오늘 저녁 남편을 만나려고 사마르칸트로 왔다. 그 때문에, 오마르 하이얌이 "너무나 아름다운 얼굴을 가지고 있는 곳이라 절대로 땅이 태양 쪽으로 몸을 돌리지 않을 것"이라고 한 이 도시를 내가 가이드가 되어 프랑수아에게 보여주기로 했다.

우선 사람들을 『천일야화』의 세계로 이끄는 레기스탄Registan 광장으로 갔다. 이곳에서 색깔 중의 으뜸은 파란색으로, 그 종류도 매우 다양하다. 터키옥색, 물망초색, 하늘색, 군청색, 푸르스름한 색, 보랏빛을 띤 푸른색……. 여러분의 기억 속에 있는 온갖 파란색을 떠올려 보시길. 그 색이 모두 이곳에 있다. 「요한계시록」에 나오는 천국의 벽은 사파이어로 만들어지지 않았을까?

사마르칸트는 아랍에게 정복당하면서 웅장한 궁전과 대상숙소를 갖춘 도시로 발전했다. 그리고 아랍 세계에서 세시업의 첫 동심시

우리의 쾌활한 가이드 코밀.

아프가니스탄 전통 의상 '샤브리'의 사촌뻘이자 이란 차도르의 조상격인 '파란자'.
신부는 말총으로 된 망을 통해 밖을 볼 수 있다.

가 되어 기독교 세계까지 소개되었다. 하지만 사마르칸트를 제국의 수도로 선택한 사람은 칭기즈 칸의 먼 후예인 대정복자 티무르였다. 예술의 보호자—또한 살생을 즐기는 폭군이기도 했다. 그는 자기가 살육한 주민들의 해골을 두 쪽으로 쪼개 피라미드처럼 쌓기를 즐겼다—였던 티무르는 페르시아, 인도, 중앙아시아에서 재능 있는 예술가들을 불러들였다.

사마르칸트에 가면 꼭 들러야 할 곳이 티무르의 묘 '구르아미르 Gure-Amir'와 티무르가 가장 사랑했던 아내 비비 하님을 위해 짓게 한 이슬람 사원이다. 이 웅장한 모스크는 비비만큼이나 아름다운 자태를 뽐낸다. 사람들의 말에 의하면, 비비 하님의 눈부신 미모가 어찌나 대단했던지 모스크 공사를 위임받은 건축가는 홀딱 반해 자기와 하룻밤을 보내지 않으면 작업을 끝내지 않겠다고 으름장을 놓았다. 그러나 잠자리는 끝까지 거부당했고, 그 대가 역시 톡톡히 치러야 했다. 티무르가 돌아오자마자 그의 목을 날려버린 것이다. 그후 이 폭군은 아름다운 여자 때문에 남자들이 유혹에 빠진다고 선언하며 여자들에게 베일을 쓰도록 명령했다.

구르아미르와 비비 하님 모스크는 티무르가 세운 사마르칸트에 잔존하는 단 두 개의 건물이다. 사마르칸트는 티무르의 손자 울루그 베그Ulügh Beg(1394~1449)가 통치할 때까지 번영을 누렸다. 울루그 베그는 이 도시에 세 개의 마드라사madrasah(이슬람 신학교)를 짓도록 했다. 수학가이자 천문학자였던 그는 천문대도 지었는데, 기념비적인 육분의六分儀는 그 토대만 남아 있다. 하지만 그가 만든 천체 도표는 오랫동안 중요한 기준이 되었다. 그는 새로운 별들을 발견했고, 1년이리는 시간을 계산했는데 오차가 몇 초밖에 나지 않는다.

당시 이슬람 사제들은—이미—사람들이 문학과 과학에 심취하는 것을 탐탁지 않게 여겼다. 종교 지도자들은 교묘히 그의 아들을 부추겨 울루그 베그가 참수형을 당하게 했다. 16세기에 그의 후손 바부르 Babour는 인도로 추방되어, 그곳에서 무굴 제국을 창시했다. 이것이 티무르 왕조의 종말이었고, 사마르칸트가 누렸던 대영광의 시간도 이것으로 끝이 났다. 쇠퇴한 사마르칸트는 그 주도권을 차츰 부하라에게 넘겨주었다.

하지만 티무르는 지금도 우즈베키스탄 사람들에게 유명한 인물로 남아 있다. 항상 존경할 우상을 찾고 있던 우즈베키스탄 사람들은 독립 이후, 레닌Nikolai Lenin(1870~1924)이 잠시 찬탈했던 자리를 티무르에게 돌려주는 데 지대한 관심을 쏟았다. 이는 초등학생 무리가 앞다퉈 구르아미르의 푸른 돔 아래 티무르의 무덤에 빼곡하게 모여든 것만 봐도 알 수 있다.

그 녀석이 개종만 한다면

Gagarin

사마르칸트와 가가린 사이에 있는 '티무르의 문'이라는 협곡을 넘었
다. 황량하고 웅대한 통로에 붙여진 이 이름은 티무르 제국의 규모가
어느 정도로 컸는지 짐작하게 한다.

예전에 가가린에서 만난 택시 운전사 아슈르는 이제 어엿한 사업
가로 변신했다. 몸도 많이 불었고, 자랑스럽게 내밀고 있는 불룩한 배
는 허리에 걸쳐놓은 것처럼 삐죽 나와 있다. 그가 배 말고도 추가분을
갖고 있는 분야가 또 있다. 바로 아내다. 첫째 부인은 아슈르처럼 타
지크 족이고, 두 번째 부인 스베틀라나는 러시아인이다. 아슈르는 수
입이 더 나은 부동산업을 하려고 택시를 팔았다고 한다. 동업자이기
도 한 그의 사촌은 아슈르보다 배가 더 나오고, 금니도 더 많고, 돈도
더 많았다. 자동차 전기 시설 업체인 우즈베키스탄의 엘렉트로섹스,
자동차 정비소, 여러 가게가 있는 건물을 소유하고 있는데, 이 건물에
정육점, 아이스크림 가게, 식료품 가게를 차릴 생각이라고 한다.

이렇게 사업을 확장하는 데 걸린 시간은 3년. 건설 허가를 받기 위
해 아마도 꽤 두툼한 봉투를 공무원 주머니에 필리 넣어야 했을

티무르의 문이라 불리는 협곡.

것이다. 그 이후로는 모든 일이 술술 풀렸다. 티무르의 건물들과는 멀리 떨어져 있지만, 다음에 지진이 또 닥칠지 모르는데 덜컥 건물을 사다니. 나 같으면 비싼 돈 주고 이런 건물을 사지 않을 것 같다.

아슈르에게 종교와 여자에 대한 개인적인 견해를 물었다. 지금까지 통용되고 있는 체제는, 드러내놓고 이슬람에 반대할 수 없었던 소비에트 정권의 산물이다. 우즈베키스탄 남자는 민법상 한 여자하고만 결혼할 수 있다. 하지만 종교적으로는 돈만 있으면 몇 명의 부인을 두든 제한이 없다. 민법상으로는 일부일처제지만 종교적으로는 일부다처제다. 즉 사회적으로는 일부다처제가 통용된다.

아슈르는 스베틀라나가 자기를 사랑해서 이슬람으로 개종한 것을 명예롭게 생각한다. 우리가 "딸이 기독교인과 사랑에 빠진다면 허락하겠어요?" 하고 묻자 아슈르가 주저 없이 대답했다. "그럼요, 그 녀석이 개종만 한다면." "하지만 스베틀라나는 사랑 때문에 개종했잖아요. 스베틀라나를 위해 기독교로 개종할 수 있겠어요?" 이런 질문이 꽤 재미있었는지 껄껄 웃어대며 대답했다. "당연히 안 하죠!"

남자든 여자든, '사회적 지위'가 어떻든 사람들 생각은 다 거기서 거기다.

거절하는 나를 막무가내 미소 작전으로 설득해 따뜻하게 보살펴준
아슈르와 스베틀라나 부부.

꿀처럼 달콤한

(***
***
***

Margilan

다시 출발해 코칸드Kokand까지 이어지는 길을 따라갔다. 페르가나 Fergana 계곡 깊숙이 들어가면 비옥한 오아시스가 나란히 이어지는데, 가는 길에 취나바드Chinabad에 들르고 싶었다. 우마르를 만난 곳이기 때문이다. 수세미로 머리를 치장한 것처럼 보일 정도로 엉망진창의 폭탄 머리에, 홀쭉한 이 껑다리 친구는 다짜고짜 자기 집으로 나를 데려가 당시 내가 생필품을 싣고 다니던 수레 '윌리스'의 바퀴를 고쳐 주었다. 바퀴를 교체하고 우마르 아들의 자전거 바퀴를 덧붙이자, 윌리스는 경주용 2륜 전차처럼 우아하고 섬세한 모습으로 변신했다. 우리는 새로운 수레의 탄생을 축하하기 위해 수박 두 개를 맛있게 먹어 치웠다.

그러나 우마르를 다시 찾을 수 없었다. 사람들 말로는 타슈켄트로 갔다고 하는데 만날 길이 없어 안타까웠다.

이슬람 정권을 세우기 위한 반란 시도가 있은 이후, 러시아인에 의해 초토화되었던 과거의 성스러운 도시 코칸드—이 도시에는 60개의 마드라사와 500개의 이슬람 사원이 있었다—에서, 사피야와 젊

사마르칸트에서 시안까지 나와 함께한 윌리스.
창고에서 굴러다니던 낡은 골프 가방이 바퀴 두 개를 달고
하루에 물 12리터와 옷, 각종 약품, 식량을 운반해주는 여행의 동반자로 변신했다.

Margilan | 꿀처럼 달콤한

은 닐루파르가 우리를 반갑게 맞이하며 왕처럼 극진히 대접해주었다. 접시꽃과 코스모스가 만발한 정원의 시원한 그늘에서, 두 사람은 따끈따끈한 리피오슈카lipioshka(우즈베키스탄 빵)와 입안에서 꿀처럼 달콤하게 녹아내리는 가지 요리를 주었다. 이 음식을 먹을 수만 있다면 프랑수아와 내가 무슨 일이든 마다하지 않을 정도로 기가 막힌 맛이었다.

오늘 저녁 이들과 함께 보낸 시간을 영원히 잊지 못할 것 같다. 그 이유를 곰곰이 생각해보았다. 아마도 하늘에서 내려온 듯한 평화로운 기운이 짓궂은 운명 때문에 헤어졌던 선한 인간들을 다시 만나게 하려는 듯 매혹적인 색깔과 취할 듯한 향기로 가득했던 이 정원에 깃들었기 때문은 아닐까.

마르길란Margilan의 실크 사업은, 과거 중국에서 실크 제조 비밀이 새어나온 때부터 계속 이어져오고 있다.

요드고를리크는 아직까지 남아 있는 직물 회사 중 하나다. 이 회사는 소비에트 시절 국영 기업이었다가 우즈베키스탄이 독립하면서 민간 기업이 되었다. 2차 세계대전 이전에는 직원이 모두 남자였다. 하지만 전쟁이 터져 남자들이 전선으로 떠나버리자 여자들이 빈자리를 대신했고, 계속해서 그 자리를—직원의 80퍼센트가 여자다—지켰다. 이 공장에서는 직물과 양탄자를 짜는데, 제일 많이 짜는 것이 실크고 그 다음이 모직물이다. 50여 명의 여공들은 삐걱거리는 기계의 단조로운 소음 속에서 주의를 집중해 여섯 개나 되는 페달을 맨발로 밟으며 일하는데, 박자를 맞추며 손발을 놀리는 솜씨가 아주 능숙하다.

10세기부터 마르길란은 양잠과 실크 산업의 중심지로 이름을 떨쳐왔다.
지금도 이곳에는 우즈베키스탄 최대의 실크 공장이 있으며,
특히 빛에 따라 색이 변하는 세로줄무늬·화살깃무늬 등의 전통 의상용 비단으로 유명하다.

하지만 요드고를리크는 어려운 문제에 직면했다. 명주실을 잣는데 많은 제약이 따르기 때문이다. 우선 난관은 누에를 기르는 일부터 시작된다. 마지막 몇 주에는, 두 시간마다 신선한 뽕잎을 애벌레에게 주어야 하는데, 이 일을 하려고 나서는 사람을 찾기가 쉽지 않다. 누에고치를 모아 뜨거운 물에 데치는 일도 해야 한다. 실패 하나를 감는 데 필요한 고치가 아홉 개라고 하는데, 공장 직원 350명에게 일거리를 주려면 한 달에 2톤의 누에가 필요하다는 계산이 나온다. 마지막으로, 중국과 엄청난 경쟁을 해야 한다는 제약도 있다. 실크 제조의 비밀을 몰래 빼낸 뒤 인정사정없는 경쟁을 통해 2000년간 지켜온 실크 독점 시장이 이제 경제성을 이유로 실크의 종주국으로 되돌아가고 있다.

나무 그늘에서 알록달록한 램프 불빛을 받으며, 코밀과 마지막 식사를 하고 있다. 티크바tikva(양파를 넣은 부꾸미), 피로즈키pirojki(속을 채운 러시아식 작은 파이), 돌마dolma(포도 잎이나 양배추 등에 고기, 쌀 등을 넣고 푹 끓인 요리), 우루크uruk(세계에서 제일 맛있는 살구) 등 우즈베키스탄에서 맛있다는 음식은 다 있다. 화덕에서 말린 단단한 씨donak shorak에서는 좋은 품질의 아몬드가 톡톡 터져 나온다.

애써 외면하려 했지만 아쉬운 감정이 드는 건 어쩔 수 없었다. 정말로 작별할 때가 왔다는 것을 알게 되면, 마음을 단단히 먹어야 하는 법이다. 여행은 다른 사람에게 마음의 문을 여는 것이라고 한다. 맞는 말이다. 하지만 무정해지는 법을 배우는 일이기도 하다.

형제라도 되는 양 코밀을 얼싸안으며 작별 인사를 나누고 동쪽을 향해 출발했다. 곧장 가면 말과 기수의 나라 키르기스스탄에 닿는다.

모두들 내게 술을 권했다.
여자들도 가만있지 않고 잔을 들어올렸다.
누군가 내 술잔을 가득 채웠고,
입술만 살짝 대자 더 마시라고 안달이었다.
뚱뚱한 경찰관이 엄청난 힘으로 밀어붙이며 술을 강요했다.
그의 전략은 건배를 하는 것이었고, 그건 거절할 수가 없었다.
나는 반 잔씩 세 번을 마신 뒤 얼근히 취해버렸다.

Kirgizstan

키르기스스탄

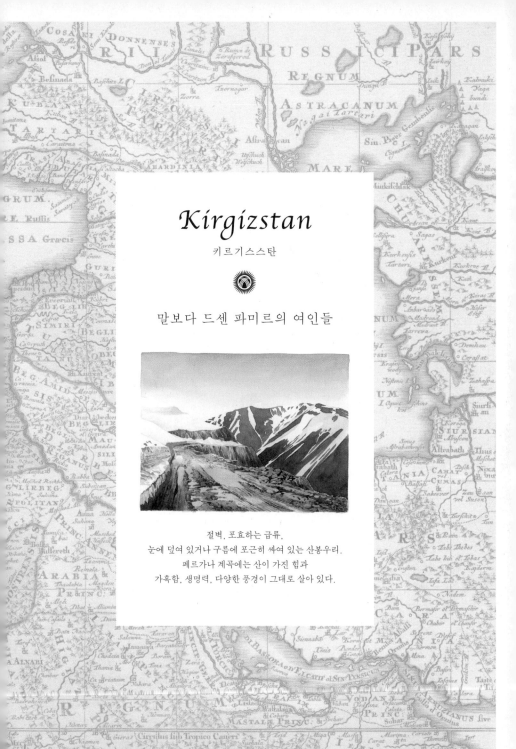

말보다 드센 파미르의 여인들

절벽, 포효하는 급류,
눈에 덮여 있거나 구름에 포근히 싸여 있는 산봉우리.
페르가나 계곡에는 산이 가진 힘과
가혹함, 생명력, 다양한 풍경이 그대로 살아 있다.

그곳에는 놀라운 말이 있습니다

Osh

이곳의 국경에 들어오면 확실히 다른 나라에 와 있음을 실감하게 된다. 높은 산의 나라 키르기스스탄에서는, 말과 기수의 나라답게 모든 측량이 말의 척도로 되어 있다.

장건張騫(?~BC 114. 중국 최초로 서역 교통로를 개척한 한나라 때의 여행가)은 세 번째 원정에서 돌아와(기원전 1세기), 한무제漢武帝에게 페르가나에 놀라운 말이 있다고 보고했다. 이 말을 들여오면 중국의 말을 개량하는 것은 물론, 중국을 위협하고 서양과 무역하지 못하게 방해하는 모든 유목 민족을 물리치는 데 도움이 될 것이라고. 당시 중국에서 그리스까지, 몽골에서 페르시아까지, 말은 국가의 힘과 생존을 결정할 정도로 중요한 요소였다.

얼마나 많은 중국 시詩가 말을 찬양했던가! 말에 대한 전설은 또 얼마나 많이 전해졌던가! 초상화나 그림, 예식용 조각상에 등장하는 천마天馬는 중앙아시아나 페르가나 혹은 다반Davan에서 온 것으로, 중국인들은 이 말의 기원에 대해 여러 가지 상상을 했다. 야생마와 집에서 기르는 암말의 잡종—이렇게 태어난 말이 붉은 땀을 흘렸다고 해서

'피땀을 흘리는 말汗血馬'이라고 부르기도 했다—이라는 설도 있고, 집에서 기르는 암말과 호수에 사는 용의 혼혈—마룡馬龍—이라는 설도 있고, 하얀색 유니콘과 야생마 사이에서 태어났다는 설도 있다. 어쨌든 이 동물은 천상과 지상의 존재가 반반 섞인 신의 선물처럼, 초자연계에 속하는 것으로 인식되었다. 사람들은 페르가나산 말에 많은 가치를 부여했다. 실제로 말은 대상로에서 화폐처럼 사용되기도 했다. 말과 비단을 물물 교환한 것이다.

이들에게 서양 이웃인 '우즈베키스탄'에 대한 이미지는 그다지 좋지 않다. 이 격언만 봐도 짐작할 수 있다. "천국을 보고 싶으면 우즈베키스탄의 텔레비전을 보고, 지옥에서 살고 싶으면 우즈베키스탄으로 가라."

하지만 효율적인 통치를 위해 분리 정책을 펼친 스탈린 동지 덕에, 오시Osh 인구의 80퍼센트는 우즈베크 족이 차지하고 있다. 통틀어 500만 명의 인구가 사는 이 나라에서 키르기스 족은 겨우 200만 명에 불과하다. 사람들의 국적만 해도 81개 이상인데, 국적이 다른 사람은 서로 어울리지 않는다.

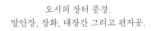

오시의 장터 풍경.
말안장, 장화, 대장간 그리고 편자공.

강한 여인들

Jalalabad

우리의 새로운 가이드 자밀라와 운전사 톡토굴은 몽골 제국의 후손
임을 부인할 수 없는 외관의 소유자다. 툭 튀어나온 광대뼈, 째진 눈,
거무스름한 피부, 말총처럼 무성한 검은 머리. 이들을 보자마자 반해
버렸다. '조용한 노예'라는 뜻을 가진 '톡토굴'—자밀라의 아버지가
좋아했던 시인의 이름이기도 하다—과 '아름다운 여자'라는 뜻을 가
진 자밀라는 한눈에 진솔한 사람임을 느낄 수 있었고, 동양 특유의 침
착함을 지니고 있었다.

 톡토굴은 가혹한 공산주의 체제 아래에서 전기 기사에 이어 공장
장까지 되었던 사람이다. 온갖 역경 속에서도 타고난 기질과 끊임없
이 솟아나는 유머, 장난꾸러기 소년 같은 미소를 잃지 않았다. 우리가
이슬람 땅에 체류하는 동안, 톡토굴이 한 말 중에 오해가 있구나 싶
어 몇 번이나 확인한 말이 있다. "나는 지각 불능이에요"라는 말이었
다(비슷한 프랑스어 단어 때문에 생긴 오해로, '불가지론자'란 뜻의 'agnostique'
를 지각 불능이란 뜻의 'agnosique'로 잘못 말한 데서 생긴 오해로 보인다). 예전
에 프랑스어 교사였던 자밀라는 가이드가 되기 전에는 자선 단체에

'아름다운 여자'와 '조용한 노예'.
자밀라의 진솔함과 톡토굴의 유머 감각은 우리의 여행을 따스하게 채워주었다.

서 일했다고 한다. 몇 주 후면 결혼할 예정이라는 이야기 외에는 자기
얘기를 더 이상 하지 않았다.

식사 시간이 되어 느긋하게 얘기를 나누며 상대방에 대해 잘 알
게 되었다. 처음 먹어본 베쉬바르마크beshbarmak―직역하면 '다섯 손
가락'이라는 뜻인데, 예전에 손으로 먹어서 생긴 이름이 아닐까 한
다―는 우즈베키스탄의 플로프plov와 비슷한 음식으로, 국수에 양고
기나 말고기를 섞어 만든 음식이다. 국수는 대부분의 음식―감자와
함께 나오는, 우리 같은 도시인의 입맛에는 조금 강한 케슈미keshme나
고기와 튀긴 야채와 함께 먹는 라그만laghman―에 곁들여 나온다. 음
료로는 암말의 젖을 발효시킨 쿠미스koumiss를 큰 잔에 마셨는데, 러시

아의 영향 때문인지 보드카를 마시는 방식과 흡사하다. 독실한 이슬
람교도들이 러시아인들처럼 쿠미스를 단숨에 들이켜는 것이다.

　식사를 마치자, 자밀라가 우리를 '타위프tawip', 즉 점쟁이에게 데려
갔다. 우리가 찾아간 타위프는 내게 얼마 있다 결혼하게 될 것이라고
예언했는데, 그 예언이 맞을지는 두고 볼 일이다. 키르기스스탄에는
샤머니즘이 굳건히 뿌리를 내리고 있다. 수도 비슈케크Bishkek에만 해
도 온통 점집으로 이루어진 거리가 있다.

1850년대 키르기스스탄 남부를 지배했던 '여제' 쿠르만잔 다트카는
50숨싸니 ꠓꠓꠓꠓꠓ 주인공이기도 하다.
그녀를 조상신으로 모시고 점을 치는 타위프는 지폐 속 쿠르만잔 다트카니 꼭 닮았다

키르기스스탄에서는 호텔을 찾기가 아주 힘들다. 하지만—스위스 관광협회에서 영향을 받은—몇몇 협회가 지역 주인과 관광객을 연결해 민박을 제공하고 있어 도움을 받을 수 있다.

우리도 이런 협회를 통해 살랄라바드Jalalabad에서 묵게 될 숙소로 로사의 집을 소개받았다. 시내 외곽에 있는 로사의 집은 안락했고, 포도나무 아래 탁자가 있었다. 사십 대의 자그마한 여주인 로사는 환한 미소를 띤 얼굴에, 아틀라스라고 부르는 알록달록한 실크 옷을 멋들어지게 입고 있었다. 우리가 오자마자 달아나버린 아이를 보며 "아들 이름이 뭐예요?" 하고 묻자, 제대로 알아들은 것이 맞나 싶은 대답이 돌아왔다. "내 아들이 아니라 친구 아들이에요. 그 친구가 나한테 줬어요."

로사가 얘기해준 자초지종은 이러하다. 러시아 상트페테르부르크로 공부를 하러 갔다가 되돌아온 친구는 자신이 처한 여러 가지 문제를 깨닫게 되었다고 한다. 아이는 혼혈아—아버지는 우즈베키스탄 사람, 어머니는 우크라이나 사람—였다. 그녀는 자신이 러시아에서 지난 몇 년간 벌여놓은 일을 무시할 수 없었다. 그곳에서 미혼모가 되는 것은 생각도 할 수 없는 일이다. 어릴 때부터 늘 강인하게 살아왔던 로사는 그 친구에게 아이를 자기 아들로 주면 어떻겠냐고 제안했다.

실크로드 구간 어디에서도 키르기스스탄 여성보다 기가 센 여성은 만날 수 없을 게다. 러시아인들이 벗어던지게 한 이슬람 베일을 다시 두르는 일은 이들에게 생기지 않을 것이다. 어머니들은 딸들이 머플러만 두르려고 해도 야단을 치기까지 한다.

키르기스스탄 사람들이 제일 좋아하는 게임은 '키즈 쿠마이Kyz Kuumai'다. 말 두 마리를 가지고 하는 게임인데, 여자아이는 두 마리 가운데 더 빠른 말을 타고 남자아이보다 조금 앞에서 출발한다. 그 뒤에서 다른 말을 타고 출발하는 남자아이는 여자아이가 탄 말을 뒤쫓아 멈추게 해야 한다. 규칙에 따라, 남자아이가 이기면 '볼'에 여자아이의 키스를 받는다. 만약 지면 여자아이가 남자아이를 채찍질할 수 있는 권한을 갖는데, 결말은 어떻게 될지 뻔한 일이다.

이곳 여자들은 이슬람 사원에 별로 가지 않는다. 하지만 남자보다 더 성실하게 종교적인 계율을 따른다. 여기에는 다른 종교의 요소가 섞여 있기도 하다. 봉헌물이나 기름을 적신 면에 불을 붙여 여기저기 두는 것은 조로아스터교에서 차용한 것이다.

집안끼리 정한 결혼이나 신부를 보쌈해서 치르는 결혼은 이제 줄어들고 있다. 예전에 비해 덜 극적이고 또 덜 시적이기도 하다. 결혼은 무엇보다 큰돈을 거래하는 일이 되었다. 젊은 남자가 여자에게 결혼 신청을 하면, 여자 쪽 가족은 승낙을 하는 대신 돈을 요구한다. 결혼한 딸은 시댁에 가서 사는 것이 전통이므로, 신랑에게 받은 지참금은 여자 부모의 노년을 보장할 수 있는 돈이 된다. 남자에게 돈은 없지만 서로 진정으로 사랑하는 경우라면, 여자의 동의를 얻어 보쌈을 한다. 딸이 순결을 잃어 상품 가치를 잃은 것을 목격한 부모는 허락을 하는 수밖에 없다.

가파르고 위험한 돌길을 따라 차를 몰고 올라갔다. 갈림길 하나가 골짜기로 이어졌다. 길이 너무 좁아 조금이라도 공간을 확보하려고 왼쪽으로 차를 붙여 산을 가로질렀다. 필경 특도군이 희생정신을 발휘했다. 자기 혼자 차를 몰고 지나가는 것이 좋겠다고 하며 우리를 차에서 내리게 했다. 과장이 아니라, 오른쪽 바퀴는 낭떠러지와 10센티미터 간격밖에 되지 않았다. 길 양쪽에 벽처럼 쌓인 눈길을 지나 산 정상에 이르니 광활한 풍경이 눈앞에 펼쳐졌다. 머리 위로 먹구름이 획획 지나가고, 독수리 한 마리가 날개를 쭉 펼친 채 날고, 공기는 꽤 차가웠다. 해발 3,000미터였다.

지난 여행 때, 말을 타고 지나가던 어떤 남자가 윌리스를 줄에 '매달아' 끌고 가준 덕분에, 나는 가벼운 마음으로 말 뒤에서 종종 걸음을 치며 그 남자의 여름 방목지까지 따라간 적이 있다. 바로 여기인 듯싶다. 방목지의 유르트yurt(키르기스 지방 유목민의 전통 가옥으로 나무 기둥을 둥글게 세우고 펠트를 씌운 천막집) 중에서 제일 큰 촌장의 유르트까지 나를 데리고 갔던 이셴베크를 다시 찾아서 만나야 한다.

마침내 그 친구를 찾았다. 하지만 술이 잔뜩 취해 있어서 4년 전에 찍은 사진을 보여줘도 알아보지를 못했다. 다행히 그의 부인은 날 알아보았다. 이웃 사람들도 몰려들었다. 이셴베크의 아내 다리카와 딸 눌은 신선한 빵을 굽고, 차와 크림, 녹인 버터에 이어 치즈, 그러니까 호두만 한 크기의 흰색 공처럼 생긴 쿠루트qourout를 준비했다. 밖에 묶인 채 엄마 젖 구경도 못하는 망아지들에게는 안된 일이지만, 말 젖으로 만든 음료수 쿠미스도 곁들여졌다. 장화와 화려한 색의 긴 옷을 입은 할머니는 양가죽으로 만든 부대 샤나크chanach에 담긴 쿠미스 두 사발을 가져왔다. 프랑수아는 별로 구미가 당기지 않은 표정이었고 나도 마찬가지였지만, 마시지 않는다면 예의에 어긋나는 일이다. 그래서 우리는 주저하지 않고 단숨에 잔을 비웠다.

6월 18일. 이셴베크와 아내 다리카를 다시 만났다.
두 사람은 마흔두 살, 동갑이다.

빵을 굽는 화덕.

찻주전자와 녹인 버터.

구석의 부뚜막.

우리가 사는 세계는 미친 듯이 빠른 속도로 달려가고 있다.
그렇기 때문에 긴박하게 속도를 늦추어야 한다.
나는 생각의 속도로 살기를 바랄 뿐이다.
걷기는 소위 문명화되었다고 하는 우리 사회를 뒤덮고 있는
죽음—사람들은 삶과 혼동하고 있다—의 달리기에 브레이크를 건다.

태고의 야생

Kazarman

금광을 빼면, 카자르만Kazarman에서 볼 것은 아무것도 없다. 그런데 유일하게 볼 만한 금광은 출입 금지였다. 수도에 있는 장관—도대체 어떤 장관을 말하는 것일까?—에게 허가서 다섯 장—왜 다섯 장이나 필요하지?—을 얻어야 방문할 수 있다. 사람들 말로는, 우리가 허가서를 신청해봤자 거절당할—무슨 이유로?—것이라고 했다.

마을에 하나밖에 없는 호텔 근처에서 가게를 운영하던 상냥한 여주인 솔타나드를 찾아보았다. 당시 나는 때가 꼬질꼬질 끼고 지칠 대로 지친 상태로 하나밖에 없는 이 마을의 호텔에 도착했다. 그런데 호텔이 만원이라 방을 구할 수 없었고, 차가운 보슬비까지 내리기 시작해 무척이나 울적한 상태였다. 그때 따뜻한 음식과 숙소를 마련해준 사람이 옆 가게 주인이었던 솔타나드다. 하지만 4년이 지난 지금, 솔타나드는 수도 비슈케크로 이사하고 없었다.

자밀라는 근처에 유네스코 세계유산이 있다고 알려주었다. 해발),000미터 높이의 고원 일대에 청동기 시대의 조각돌 수천 개가 남아 있다고 한다. 워낙 고지대라 헬리콥터가 서의 유일한 교통수단이라고 하는데, 나는 다시 고집을 부려 걸어서 올라갔다. 두 다리로 걸어서 파미르 고원에 올라가자, 의지가 있다면 이루지 못할 일이 없다는 사실을 다시 한번 믿게 되었다. 늘 고집불통인 나는 산 위에 있는 야영지에서 가이드와 말을 찾을 수 있을 거라 생각하고 무작정 올라갔는데, 가이드도 말도 없었다. 모두 다른 곳에서 우리 처지가 어떻든 상관 않고 자기네 일을 하고 있는 것이 분명했다. 어떤 여자가 길을 가르쳐주었는데, 금방 길을 놓치고 말았다. 그리고 지금, 강물 사이에 놓인 나무 위에 걸터앉아 강을 건너고 있는 중이다.

그렇다. 아무리 내가 고집불통이라지만 우리가 처한 현실을 인정해야 했다. 사이말루 타슈Saimaluu Tash 유적에는 가지 않기로 했다. 하지만 우리는 고삐 풀린 망아지처럼 행복했다. 멋진 풍경을 보며 껑충껑충 뛰어다니기까지 했다. 가슴팍까지 올라오는 꽃밭이 펼쳐진 오르막길에서 가축들은 이리저리 돌아다녔고, 칼파크kalpak(겉은 흰색이고 안은 밤색인 펠트로 만든 뾰족한 모자)를 쓰고 말을 탄 남자들은 광활한 평원에 취해 달리는 얼룩말 같았다. 산은 세 가지 색 옷을 입고 있었

다. 햇빛을 듬뿍 받은 적갈색 형체, 개울물이 노래하는 초록색 작은 골짜기, 흐릿한 구름이 물러간 산봉우리에는 순백의 눈과 무섭게 번득이는 얼음 기둥이 있었다.

우리 앞에 펼쳐진 경관은 내 눈을 의심할 정도로 웅장했다. 이처럼 광활하게 펼쳐진 풍경을 내려다볼 때마다 느끼게 되는 심오한 기쁨의 정체는 무엇일까? 이 세상에 있는 '웅장한 풍경'도 사람들을 내려다볼 때 이처럼 억제할 수 없는 기쁨을 맛보고 있을까? 웅장한 풍경들이 도도하게 자신의 모습을 보란 듯 펼쳐 보이는 것도 어쩌면 그때문일지 모른다.

나는 산을 좋아한다. 산이 가진 힘과 다양성과 냉혹함—이셴베크는 두 달 전 곰을 한 마리 죽였다고 말했다—을 좋아한다. 산에는 비바람과 인간에 맞서 예전 모습을 그대로 간직하고 있는 태고의 야생이 있다. 동쪽으로 보이는 톈산 산맥과 파미르의 산들은 누가 더 키가 큰지 겨루며, 산을 오르려고 하는 인간들을 겁주기 위해 하늘을 찌를 듯 우뚝 서 있다.

광활하게 펼쳐진 카자르만 지역 풍경.
거대한 풍경을 내려다보는 심오하고 은밀한 기쁨이
가슴속에서 억누를 수 없이 샘솟았다.

유목민의 영웅

Kosh Doba, Osoavia

코슈도바Kosh Doba로 가는 길은 보는 이의 넋을 빼놓을 정도로 아름답다. 초원은 꽃으로 만발하고, 자연은 우리를 위해 축제를 벌인 듯 화려한 자태를 뽐낸다. 프랑수아는 내가 3년 전 그랬듯이 이 나라에 매혹당하고 있었다.

마나스 나지로프는 이 커다란 마을의 촌장이자, 행정구역상 마을을 대표하는 신분이었다. 또한 교사이기도 했다. 예전에 들렀을 때 마을 인구 3,500명 중 학생 수가 800명이었는데, 이것만 보더라도 이 나라의 인구가 얼마나 급속히 증가하는지 알 수 있다.

다시 찾은 마나스는 집을 짓느라 한창이었다. 이곳에서는 집을 짓는 데 돌이나 시멘트는 사용하지 않고, 말린 진흙과 짚을 섞어 만든 벽돌에 진흙을 발라 붙여서 만든다. 마나스는 나를 보자 기뻐했다. 지난번 선거에 나갔다가 낙선했다고 하는데, 그래도 "그게 민주주의지!" 하고 호탕하게 말했다. 덕분에 다시 시간이 생겨 가족들을 도울 수 있게 되었다고 했다. 곧 결혼할 큰아들을 위해 마나스는 결혼 선물로 100개의 우흐oukh(204쪽 참조)를 끼운 커다란 유르트를 직접 만들

칼파크를 쓴 마나스와 천진한 웃음을 간직한 그의 어머니.
마나스의 붙임성 좋은 딸 굴자느 덕분에 2001년 그의 집에 잠자리를 얻을 수 있었다

어줄 것이라고 한다.

마나스Manas는 키르기스 민족 영웅의 이름이기도 하다. 그는 야영지를 옮겨 다니며 위인의 무훈을 찬양했던 마니시manishi(중앙아시아의 음유시인)들이 만들어낸 전설 속 인물이다. 그러나 민족 국가를 창설하는 데 골몰한 키르기스스탄 정부는 이 모험담을 스텝의 『일리아스』처럼 채록하고 아랍인이 중국 군대를 물리쳤던 '탈라스Talas' 근처에서 마나스의 무덤을 발견했다고 발표해서 이 영웅을 자신들만의 영웅으로 변조했다.

집이 완성되기를 기다리며 모여 있던 온 가족이 함께 차를 마시자며 정원 구석에 있는 유르트로 우리를 초대했다. 프랑수아는 마나스의 어머니를 흉내 냈다. 땅딸막한 키에 쭈글쭈글한 사과처럼 주름투성이의 이 명랑한 노부인은 어린애 같은 천진함으로 박자를 맞춰 손뼉을 치면서 웃음을 터뜨렸다. 마나스는 위엄 있는 목소리로, 오늘 저녁 우리를 위해 양을 잡겠노라 예고했다. 나는 다시 길을 떠나야 하니끼 그러지 말라고 했다. 미니스는 그래도 고집을 꺾지 않았다. "그럼 빨리 돌아와서 있고 싶은 만큼 있다가 가면 되잖소." 프랑수아가 못 믿겠다는 듯이 물었다. "한 달이나 두 달 있어도 괜찮아요?" "세 달이든, 여섯 달이든 있어요. 유르트랑 말을 내줄 테니."

프랑수아는 기회가 된다면 즉시 나탈리에게 이런 메시지를 보낼 것이다. "천국을 찾지 마. 내가 찾았으니까."

오소아비아Osoavia에서 하산과 그의 가족을 다시 만났다. 하산만큼 손님을 열렬히 맞이하는 사람도 없을 것이다. 하산은 내가 보낸 사진

을 받고 동네 사람들과 잔치를 벌였다고 한다. 이번에도 우리를 만나
자 잔치를 벌이려 했지만 우리는 곧 떠나야 한다고 말했다. 하산은 내
가 겨우 두 시간 있다 가려고 그렇게 먼 곳에서 온 것을 이해하지 못
했다. 하산의 말이 옳다. 우리는 상식을 저버렸다. 우리의 자유라는
것이 그 어느 때보다도 허망해 보였다.

하산과 그의 아내.
지난번 이 마을에 왔을 때는 마침 마을 잔치 중이어서
저녁만 세 번을 먹어야 했다.

옛날 옛적 스텝에서는

Naryn

타슈라바트로 가는 길에 말을 타고 갑작스럽게 등장한 여인은 도도하고 기품 있는 자태로 우리를 한심하다는 듯 쳐다보았다. 드넓은 공간이 앞에 펼쳐져 있고 공기는 티 없이 맑고 도로에 거추장스러운 것이라고는 없는데, 무거운 가방을 가지고 철로 된 상자 속에 갇혀 탁한 공기를 마시고 있는 외국인이라니……. 여자가 탄 말조차도 우리가 구경거리라도 되는 양 안쓰럽다는 표정을 지었다.

그 여자, 키님 맘베탈리에바기 우리를 가리키는 둥 마는 둥 자밀라에게 큰 몸짓으로 물었다. "이 사람들, 말 타고 한 바퀴 돌고 싶을까?"

물론이었다. 우리는 기꺼이 말에 올라탔다. 그런데 솔직히 말하자면, 말에 매달려 허둥대느라 꼴이 우스워졌다. 그러니 어디가 우리 자리인지 잊지 않고 지키는 것이—겸손하게 그리고 자랑스럽게—좋을 듯싶다.

유르트를 만드는 단계는 시기에 따라 명확하게 구분된다. 8월에는 양털을 깎는다. 가을이 되면 자작나무를 베어 땅에 묻는데, 이렇게 하면 나무에 습기가 배어들어 손질하기가 쉬워진다. 9월에는 양털을 압

실크로드를 통틀어 키르기스스탄 여성보다
기가 센 여성은 만날 수 없을 게다.
카님 맘베탈리에바의 얼굴과 말을 탄 모습.

축해서 돌돌 말아놓았다가 나중에 펠트로 만들어 유르트를 덮는다.
지붕 부분을 덮는 펠트에는 양의 지방을 바르는데, 이렇게 하면 지붕
에서 물이 새지 않는다. 봄이 되면 구덩이에 묻어둔 나무를 필요할 때
꺼내 형태를 잡는다. 그런 다음 원하는 모양을 다듬어 사용한다.

　유르트에 사는 것은 우리가 꿈꾸던 일이지만 약간의 불편함
(206~207쪽 그림 참조)이 따른다. 이곳에서 유르트를 하나 지으려면, 엄
청난 난관이 따른다. 차라리 타베르베크와 칼리마 부부를 찾아 가는
편이 간편하고 확실하다. 이 부부는 관광객에게 기꺼이 유르트를 제
공해 숙소를 마련해준다. 두 개의 유르트를 가진 이 부부는 하나를 관

한 번 고정된 문틀은 유르트의 골격을
단단하게 만든다.

유르트 꼭대기에 대는 중심 부품 '툰두크'는
키르기스스탄의 상징으로
국기에도 등장한다.

'우흐'는 '툰두크'에 박은 뒤 격자망 위에 얹어 고정한다.
'뼈대'를 설치하면, 짚을 엮어 유르트 둘레를 싼다.
마지막으로 두꺼운 펠트로 만든
커다란 덮개 '키이즈'로 전체를 덮는다.
화로에 동물의 똥 말린 것을 태우면,
따뜻한 열기가 열 시간 정도 은근히 유지된다.

유르트 짓는 것을 지켜보며 토콘을 기다렸지만
길이 끊겨서 여름 방목지까지 오지 못해 헛수고만 했다.

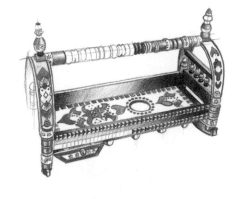

유르트 짓는 것을 열심히 보고 있는 아이.

키르기스스탄에서는
요람에서 일어나
걷는 법도 배우기 전에
말 타는 법부터 배운다.

사과처럼 반짝이는 뺨,
어린아이다운 즐거움으로
빛나는 눈을 가진 고원의 아이 촐폰.

광객에게 빌려주고 딸 촐폰과 그 옆에 있는 유르트에서 생활한다. 촐폰은 아주 명랑한 여자아이다. 새빨간 두 볼은 잘 익은 사과 같고, 생글거리는 눈은 삶의 기쁨과 어린아이다운 천진난만함으로 가득하다. 낯을 가리는 법도 없다. 느닷없이 우리 앞에 와서 가느다란 목소리로 해괴한 인사를 건넨다. "안녕하세요, 아저씨. 안녕하세요, 아줌마, 하나, 둘, 셋." 그리고 수염을 길렀지만 여전히 아이의 영혼을 가지고 있는 톡토굴과 잘 어울려 논다.

우리는 저녁마다 가족들이 지내는 유르트에 모여 함께 '밤을 지새 웠다.' 이곳에서는 '가족의 유대'라는 것이 공허한 단어가 아니라 실생활 속에 존재한다. 타베르베크는 자일루jailoo(고지대의 야영지)에 사는 모든 사람들이 그렇듯 여름이면 이곳 방목지에서 양을 치는데, 교사라는 직업도 가지고 있어서 월급 25달러를—간호사의 월급은 4달러다—받는다. 예전에 키르기스스탄은 소비에트 사회주의 연방

고지대의 야영 생활.
낭만적인 만큼 생각지 못한 긴장(!)도 따른다.

나와 동갑인 키르기스 족 양치기 토론.
고지대의 태양에 그을린 얼굴 속에서
시리도록 푸른 눈동자가 날카롭게 빛난다.

에 고기를 공급했지만 수요가 줄
자 고기를 공급할 수 있는 가축도
줄었고, 그 때문에 사람들은 부족
한 수입원을 마련할 방도를 모색
해야 한다. 칼리마는 교사였는데,
이제는 샤르다크shardak, 즉 여러 가
지 색의 모직물로 문양을 넣은 펠
트 카펫을 만들어 판다. 저녁 모임
은 늘 촐폰이 우리를 위해 불러주
는 긴 노랫소리가 울려 퍼지는 가
운데 끝났다. 열심히 노래를 부르
느라 촐폰의 볼은 더욱 빨개졌고,
반짝거리는 눈은 마치 옛날 옛적 스텝에서 울려 퍼지던 단조로운 가
락을 찾는 듯 꿈에 젖어 있었다.

모든 만물이 신의 축복을 받은 듯 조화로워 보이는 이곳을 떠나려
하니 마음이 저미듯 아파왔다. 이처럼 하늘과 땅, 인간과 자연, 음악
과 고요가 일치하는 곳은 다른 어디에서도 찾을 수 없을 것이다.

타슈라바트로 가는 길.
10월에 내린 눈이 반년 이상 녹지 않는 이 지역은
과거 중국으로 가는 대상들의 주요 거점이었다.

Naryn | 옛날 옛적 스텝에서는

China

중국

★ ⁂

인간의 가장 위대한 작품

2,000년이 넘도록 이어져온 카스의
바자르에서 만난 거지 노인.
빈 몸으로 왔다가 모든 것을 털어내고
가벼운 몸으로 떠나야 하는 것은 누구나 마찬가지다.

상업 도시 카스

Kāshi

토루가르트Torugart 협곡은 중국으로 들어가는 관문 중 아마 가장 힘든 곳일 게다. 실크로드가 지나가는 곳은 아니지만, 좀 더 남쪽에 있는 통로인 코카르트Kokart가 현재 폐쇄되어 이곳을 거쳐서 갈 수밖에 없다. 토루가르트의 풍경은 가히 초현실적이다. 3년 전에 본 15미터 높이의 아치는 파괴되어버렸다. 해발 3,700미터의 꽁꽁 얼어붙은 광석들을 배경으로 우뚝 서 있던 분홍색 아치가 감쪽같이 사라진 것이다.

토루가르트를 지나 우리가 들어간 현실 세계는 10세기부터 위구르인이 살고 있는 땅이다. 이슬람교도인 이들은 투르크어를 쓰며 생활하지만, 모든 법률 체제는 신장新疆을 식민 지배하고, 공산주의 치하에서 이슬람 인구를 '희석시켜' 반역의 가능성을 최소화하려는 대륙의 한족에 의해 유지되고 있다. 정작 위구르인들은 궂은일을 다하며 '중국인'들을 편히 살 수 있게 해주는데, 그들은 위구르인을 야만인 취급한다.

중국인이 불친절하다는 사실은 익히 잘 알려진 바지만, 실제로 상대해보면 그런 악명을 뼈저리게 느끼게 된다. 일단 중국 국경을 넘어

위구르 족의 전통 가옥.
투르크계인 위구르 족은 대부분 신장웨이우얼 자치구에 살고 있다.
사회조직은 마을 단위로 이루어져 있으며 결혼도 마을 안에서만 한다.

들어가면, 그들은 외국인을 불신에 찬 눈으로 뚫어지게 쳐다본다. 마치 온 나라가 이 잡듯 뒤져서라도 스파이를 색출할 태세다. 그러다만에 하나 혐의를 받고 곧장 음습한 지하 감옥에 갇혀버리기라도 한다면, 왜 중국 땅에 와서 이 고생을 사서 하는지 내심 자책하게 될 것이다.

우리를 기다리고 있던 가이드와 운전사도 그런 투였다. 운전사 남자는 우리 쪽으로 눈길도 돌리지 않았고, 찬바람이 쌩쌩 도는 것처럼 냉랭하고 잘난 체하는 여자 가이드는 겉멋 부리는 영어로, 자기 회사—중국 관광협회가 자기 회사인가?—에서 우리를 카스喀什까지 안내하라는 지시를 받았다고 설명했다. 우리가 절대 발음하지 못할 것이라고 생각하는 듯, 자기 이름은 밝히지도 않고 그저 자기 이름의 뜻이 '제비'라는 설명만 덧붙였다. 그러니 우리도 제비라고 부르는 수밖에. 나는 검정 외투를 입은 프랑스의 '제비(과거 파리에서 검은 외투를 입고 순찰하던 헌병을 빗대어 불렀던 속어)'를 생각하며, 이 여자한테 꼭 어울리는 이름이라고 중얼거렸다.

서양에서 오는 모든 여행자에게 카스는 북쪽으로 가든, 남쪽으로 가든, 거대한 타클라마칸Taklamakan 사막의 경계로 들어가기 전 반드시 거치게 되는 도시다. 대상의 영향력은 조금씩 그 빛을 잃었지만, 카스는 한 번도 상업 정신을 잃은 적이 없었다. 일요일마다 열리는 장터는 장사가 한창이고, 사람들로 북적이고, 색깔과 소리와 향기가 소용돌이친다. 거대한 파도가 몰려와서 밀었다 당겼다 들어 올리는 바람에 사람들은 꼼짝없이 그 파도에 휩쓸리고, 원하든 그렇지 않든 인파의 일부가 되어버리고 만다.

카스 중심가에 있는 이드 카 이슬람 사원 뒤에 공원 쪽으로 난 작은 문을 지나면
안온한 고요함에 잠긴 대장간 거리가 있다

Kāshi | 상업 도시 카스

폐타이어의 두꺼운 부분에서
떼어낸 고무판은
벨트, 인감, 사료 통 등을
만드는 데 쓰인다.

탕! 단호한 망치 소리에 이어
탕탕! 내려치는 소리.
유리그릇을 만드는 장인의 피부 색깔은
그가 하루 종일 두드려대는 금속처럼
구릿빛이 되었다.

대장장이, 선반공, 땜장이……
장인들은 대부분 약 6제곱미터 크기의
작은 공방이자 가게에서 일하거나
거리에서 장사를 한다.

정육점의 뒷면. '현대적인'(!) 카스.

가축 시장에 가려고
'택시' 값을 흥정하는 베르나르.
시장은 시내에서
8킬로미터 거리에 있다.

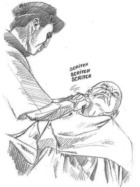

거리의 이발사.

얼음 장수.

2004년 6월 21일. 카스의 일요일 장터.
카스의 장날은 일요일이다.

그것은 당신이 원하는 일이기도 하다. 왜냐하면 인파의 일부가 된 당신은 바로 이곳에 삶이 있다는 것을 깨닫고, 점잖게 차려입고 규칙과 소소한 관습으로 문명화된 유럽의 시장을 비판적인 눈으로 보기 시작했기 때문이다. 아마도 사람들은 이곳에는 아직 공동체의 의미가 살아 있다고 느낄 것이다. 흥정이라는 게임을 하지만 그 속을 들여다보면 각자가 동등하다고 느끼고 있고, 유럽 사회처럼 지위에 대한 인식이 몸에 배어 있지 않다. 이곳에는 서양의 여행가들을 그렇게나 매료했던 동양의 마법이 아직 남아 있다.

사람들이 흘리는 땀, 양의 몸에서 분비되는 기름, 연기가 안 나는 숯 위에 올린 샤실리크에서 타는 기름, 동물의 배설물, 구석에서 썩는 과일이나 야채 냄새가 뒤섞인 수천 가지의 냄새를 어떻게 표현할 수 있을까? 또 향신료 거리에서 떠다니는 좀 더 미묘한 냄새는 또 어떻게 표현할까?

구두 장수, 방직공, 대장장이, 선반공, 땜장이, 주물공, 칼갈이 장수…… . 프랑수아는 다양한 직업을 가진 이들의 모습을 부지런히 그림에 담으려고 했다. 그리고 이런 직업을 가진 사람들을 이제 찾아보기 힘든 프랑스 현실에 안타까워했다. 카스에 있는 이 시장에 한족은 거의 없지만, 중앙아시아의 다양한 민족을 만날 수 있다. 서양식 옷을 입는 위구르 족을 제외한 다른 민족들, 즉 키르기스 족, 카자흐 족, 몽골 족, 타지크 족, 우즈베크 족, 아프간 족은 대개 전통 의상을 입는다. 전통 있는 아시아 시장이 대개 그렇듯 이곳 역시 전문 상가별로 구역이 나뉘어 있다. 또 물건 가격은 장사꾼과 손님 사이의 흥정에 따라 정해지기 때문에 가격표 같은 것은 이곳에서 찾아볼 수 없다.

예전에 나를 매혹한 거리를 프랑수아에게 보여주고 싶었다. 이 거리에는 파편, 폐물, 부스러기, 찌꺼기 등이 몇 번째일지 모를 또 다른 삶을 이어가고 있다. 고철 조각, 녹슨 부속물, 낡은 양동이, 가죽이나 플라스틱 조각, 이 빠진 꽃병, 철사, 기름때가 낀 걸레……. 쓰레기통으로 직행할 법한 이런 물건들이 새롭게 태어나는 모습은 경이롭고 신기했다. 이 거리의 끝자락에서 어떤 남자가 손님이 주문하는 대로 멜론 조각을 잘라 팔고 있었다. 우리도 그냥 지나칠 수 없어 실컷 멜론을 먹었다. 마치 멜론을 먹으면, 시장에 가득한 이 강렬한 냄새와 정신을 혼미하게 하는 소음과 당나귀에 매달거나 손으로 끄는 수레, 모터나 페달이 달린 세발자전거, 두발자전거, 오토바이, 자동차, 트럭, 외바퀴 손수레 사이에서 느꼈던 현기증을 정화할 수 있기나 한 것처럼.

마침내 아누아르의 좁은 공방 앞에서 걸음을 멈추었다. 통로에서—좁디좁은 작업실에는 포플러 가지로 만든 바구니가 가득 쌓여 있었다—옥색 눈을 가진 이 젊은 위구르 남자는 언젠가 미국으로 갈 날을 꿈꾸며 찜통을 짜고 있었다. 그날 저녁에 알게 된 사실인데, 위구르 사람이 비자를 받을 확률은 희박하다고 한다. 이유를 묻자 아누아르가 대답했다. "경찰이 하는 일이에요. 더 이상은 말할 수 없어요." 결국 비자를 신청해봐야 소용없다는 말이다.

카스의 바자르에서 만난 아누아르.
언젠가 미국에 갈 수 있을까.
푸른 눈을 가진 젊은 위구르 족 사나이는
좁은 공방 안에서 쩜통을 짜며 더 나은 미래를 꿈꾼다.

한족의 나라

Ürümqi

신장웨이우얼 자치구의 수도 우루무치鳥魯木齊에서 우리를 안내한 가이드는 '제비'와 상반되는 모습이었다. 땅딸막하고 살찐 체구의 남자는 두꺼운 안경 너머로 얼굴을 확인하려 애썼다. 겨드랑이에 검정 가죽가방을 끼고 있는 모습이 영락없는 사업가였다. 남자는 '왕'이고, 운전사는 '창'이었다. 둘 다 '제비'처럼 한족이었고, 역시나 한족답게 우리를 맞이했다. 두 사람은 한마디도 하지 않고 우리를 미니버스 뒤에 올라타게 했고, 운전사 창이 도시를 향해 달리는 동안 가이드 왕은 살찐 부처 같은 모습으로 꿈쩍도 하지 않고 앉은 채 뒤도 안 돌아보고 거의 알아듣지도 못할 얘기를 지껄여댔다.

우리가 옆에 와서 앉으라고 권하자, 가이드는 화들짝 놀랐다. 자기를 형편없는 관광객으로 취급한 것에 충격을 받은 것인지, 아니면 정반대로 자기가 우리와 자리를 함께할 자격이 없다고 겸손하게 생각해서 그런 것인지는 알 수 없었다. 어쨌든 가이드는 너무나 놀라서 숨이 멎은 듯했고, 호텔에 도착할 때까지 입 한 번 뻥긋하지 않았다.

내일은 차라리 이 두 녀석에게 휴가를 주고 내가 직접 프랑수아를

현대와 과거가 공존하는 곳, 우루무치.
신장 지역의 중심지인 이곳은
아주 큰 도시로
한족과 위구르 족이 섞이지 않은 채 공존하고 있다.

데리고 런민 공원人民公园에 가는 편이 좋을 것 같았다. 4년 전 나는 이 공원에서 모처럼 긴 휴식 시간을 가진 적이 있었다. 실크로드 여행을 마치고 파리로 돌아가기 직전이었다. 당시 중국 회사의 러시아행 비행기를 타고 카자흐스탄의 알마티Almaty에 갔다가 이스탄불을 경유해 파리로 가는 노선을 이용했다.

　새벽 시간이면, 런민 공원을 점령한 사람들과 몸을 부대껴야 한다. 도심에 자리 잡고 있는 이 거대한 초록 공간에서 사람들은 생각지도 못한 여러 가지 활동을 한다. 한쪽에는 리듬에 맞춰 열심히 춤을 추는 사람이 있고, 건너편에는 앉거나 서서 카드놀이에 심취한 사람들이 있다. 그 가운데, 사람들이 집에서 가져온 새들의 열정적인 바이브레이션이 아침의 콘서트를 열었고, 가극 가수들도 한껏 기교를 부린 목소리로 새들의 합창에 화답한다. 주변에서 무슨 일이 일어나도 아랑곳하지 않고 조용히 자기 일에 열중하는 사람들도 있다. 태극권 수련자들은 절도 있고 억제된 동작으로 천천히 몸을 움직인다. 어찌나 집중을 하던지 무심코 지나가는 길에 이 장소에 들어오게 된 나 같은 사람은 무례를 범한 것처럼 느껴진다. 그런데 이 공원의 풍경에서 주목할 것은 운동을 하는 사람이든 노래를 하거나 춤을 추는 사람이든 모두 한족이라는 사실이다. 위구르인은 공원에 들어올 권리조차 없는 것 같았다.

불의 땅

Tūlūfán

우루무치에서 투루판吐魯番까지 가는 여정에서 왕과 창, 프랑수아와 나는 서로 거리를 둔 채 서먹하게 지냈다. 아예 모르는 척 침묵으로 일관하는 것이 차라리 마음 편할 것 같았다.

중국인들이 후오주火州(불의 땅)라고 부르는 투루판은 여름에 기온이 섭씨 50도까지 올라가는 무더운 곳이다. 타클라마칸 사막의 관문이고, 해수면보다 154미터 아래에 위치한 이 도시를 '화염산火焰山(『서유기』의 배경으로도 유명하다)'이라는 별칭으로 유명한 빨간색 석회 언덕이 둘러싸고 있다. 모래 폭풍이 갑자기 불어 닥치면, 도시는 핏빛 먼지 안개 속에 잠긴다.

이곳에는 이란의 카나트와 비슷한 '카레즈karez'라는 관개수로가 있다. 옛날부터 전해 내려오는 이 기발한 관개시설이 없다면, 투루판의 오아시스는 존재할 수 없을 것이다. 풀 한 포기 자라지 않는 이 뿌연 황적색의 광물 사막 한가운데 믿기 힘들지만, 양치기가 있는 것도 카레즈 덕분이다. 싱그러운 이 기적의 정원에서 사람들은 멜론의 한 품종인 하미과哈密瓜를 재배한다. 그리고 모든 기수騎手들이 애정을 듬뿍 담아 '말의 젖'이라고 부르던, 유명한 투루판 포도로 만든 신선하고 담백한 맛이 나는 포도주도 생산한다. 과거 중국 제국은 투루판 포도주의 양조 기술을 도입하기도 했다.

우리는 가이드 왕에게 베제클리크Bezeklik 동굴에 가고 싶다고 했다. 그는 "동굴에 가는 건 문제없는데, 킬로미터당 돈을 내야 해요." 하고 대답했다. "차량과 운전기사 비용은 벌써 지불했잖아요?"라는 우리 대답은 왕의 기분을 상하게 했다. 우리가 호락호락하지 않아 짜증이 난 것 같았다. 왕은 우리가 자기한테 첫 번째 '손님이자 관광객'이라고 말하고는, 개인사를 읊어댔다. 전에는 아버지 회사에서 외바퀴 손수레를 만들었는데, '직원이 서른 명'이나 된다고 자랑스럽게 말했다.

그 정도면 큰 사업체이기는 하다. 그런데 왕은 자신의 아버지처럼 당원이다. 공산당의 이름으로 인간에 의한 인간의 착취를 비판하면서, 회사에서 무려 서른 명이나 착취하는 것은 모순 아니냐고 물었다. 아버지와 함께 직원들에게 이익을 공평하게 분배하는 협동조합을 만들 수 있지 않겠냐고도. 이 불한당은 자기는 정치를 하는 것이 아니라 일하는 것뿐이라고 못 박으며 내 얘기를 무시했다. 이렇게 말하는 것만 봐도, 사회나 정치 얘기를 해봤자 말이 통하지 않을 것은 분명하다. 그러니 수레 만드는 얘기나 하는 편이 나을 게다.

베제클리크—위구르어로 '그림이 있는 곳'이라는 뜻—의 67개 동굴은 천 년 전에 그려진 아름다운 벽화를 품고 있었다. 숨이 멎을 정도로 아름다운 동굴이었기에, 20세기 초 독일의 동양학자 알베르트 폰 르코크와 알베르트 그륀베델은 가장 아름다운 그림을 비롯해 불

교 승려의 초상화, 실물 크기의 채색 석고 부처상을 훔쳤다. 이 모든
것들은 독일로 이송되었고, 일부는 세계대전 중 폭탄 공격으로 산산
조각이 났다. 다행히 몇몇 작품은 인도예술박물관에 전시되어 지금
도 감상할 수 있다. 그나마 민속학자의 노략질을 피한 작품들은 안타
깝게도 위구르인에 의해 훼손되었다.

　인간의 손에 의해 탄생한 예술이 사라지기는 했지만—그것이 예
술의 운명 아닐까?—이 동굴은 일부러 찾아와서 볼 가치가 있고, 여
전히 그 위용을 자랑한다.

천 년 전에 그려진 아름다운 벽화를 품고 있는
베제클리크 동굴 근방 풍경.

사막의 추억

Taklamakan Desert

타클라마칸 사막을 지날 때, 작은 키에 쾌활한 성격의 남자를 만난 적이 있다. 이 사람은 다른 중국인 같지 않게 나를 따뜻하게 맞아주었다. 나는 중국어를 알아듣지 못했고 그 남자는 영어를 한 마디도 못 알아들었지만 우리는 두 시간 동안 '수다를 떨었다.' 서로 다른 언어를 사용했지만, 감정이입을 하며 하나가 되었기에 상대방이 무슨 말을 하는지 모두 이해할 수 있었다. 상대의 말에 세심히 주의를 기울였기에 가능한 일이었다. 그리고 새로운 언어를 만들어냈다. 찡그린 얼굴이나, 갖가지 얼굴 표정 등 온갖 수단을 다 동원해서 대화를 이어갔고, 바람이 테라스로 실어온 모래를 칠판 삼아 글도 쓰고 그림도 그렸다.

류 씨—그의 이름이었다—의 환한 미소는 고독한 도보 여행 기간 내내 늘 머리에서 떠나지 않았다. 옷차림만 중국인 같았던—파란 셔츠, 검정 바지, 검은색 천으로 된 슬리퍼—이 작은 호인과 다시 만나게 될 순간을 나는 지금 고대하고 있다. 프랑수아가 류 씨를 만나서 꼭 그의 초상화를 그려주면 좋겠다.

하지만 타클라마칸은 오늘 우리에게 적대적이었다. 류 씨가 1981

류 씨의 환한 미소를 다시 보고 싶어 타클라마칸 사막 북쪽을 찾아갔지만,
그곳엔 사람은 없고 사막만 있었다.

년 석공으로 일하러 왔던 농장 겸 감옥이었던 곳에 와보니 감옥의 벽
은 여전히 사막에 서 있는데, 류 씨는 찾을 수가 없었다. 류 씨는 당시
재활 교육을 받는 쪽이었을까? 재활 교육을 하는 쪽이었을까? 그건
알 수 없었다. 감히 그런 질문을 할 수 없었기 때문이다. 하지만 어느
쪽이었든 그건 중요하지 않다. 그가 가족들과 생활하던 옛 교도소의
사무실—열 개의 방이 L자형으로 배치되어 있다—은 비어 있었고,
류 씨와 그의 아내—키가 크고 골격이 큰 중국 여자로, 거만하고 의
심에 가득 찬 눈으로 나를 대했다—는 사라지고 없었다.

　밤 기차를 타고 고비 사막을 건너니 2년 전 땀을 뻘뻘 흘리며 몇 주

동안 걸어가던 것보다 훨씬 안락하기는 했다. 걸어서 316번 국도에
도착했을 때는 심장이 터지는 것 같았다. 둥그스름한 정상에 있는 흰
색 시멘트로 된 예쁜 경계석에는 검은색으로 끔찍한 숫자가 적혀 있
었다. 3,981킬로미터. 이 도로는 중국에서 제일 긴 도로일 뿐 아니라
세계에서 제일 긴 도로이기도 하다. 카자흐스탄에서 상하이를 잇는
도로로, 길이가 무려 5,000킬로미터 이상이다. 당시 나는 이 경계석
에 새겨진 숫자를 절망에 찬 눈으로 바라보면서, 9세기까지 당 제국
의 수도였으며, 실크로드의 종착 지점이 될 시안까지 2,900킬로미터
를 더 걸어가야 한다는 사실을 확인했다.

가짜 이발소

Jiāyùguān

우리는 기차를 타고 란저우蘭州까지 가게 될 텐데, 중간에 자위관嘉峪關에서 내려, 시닝西寧에서 마중 오는 새로운 가이드를 만나야 한다.

영국 사람에게는 '스톤', 프랑스 사람에게는 '피에르'라고 통하는 그의 이름은 '하일린'이고, 성은 돌을 뜻하는 '스石'다. 중국에서는 다른 사람을 칭할 때, 가족을 제외하면 어느 누구도 성을 떼고 이름만으로 부르지 않는다. 따라서 우리도 하일린 대신 '스' 씨라고 불러야 예의에 어긋나지 않는다. 하지만 이 젊은 남자는 예절 관습에 얽매이지 않았다. '스톤'이라고 부르라고 했다. 중국 사람들은 프랑스보다 미국을 동경한다. 프랑스를 가리키는 두 글자로 된 단어는 '파과法國'라고 발음하는데, '파'는 법률을 뜻하고, '과'는 나라를 뜻한다. 따라서 중국인들에게 프랑스는 법률의 나라다. 그러니 독립 생활이나 학위따는 일에 열심인 젊은 사람들에게는 흥미로운 나라일 리가 없다.

자위관의 성채는 엄청난 규모를 자랑한다. 중국의 황제는 불시에 몰려올 수 있는 몽골의 기병에 대비하는 데 인색하지 않았다. 적군이 뛰어넘을 수 없는 이 요새는 사실 만리장성이 끝나는 지점으로, 중국

친구가 되어버린 가이드 스톤,
진짜 이름은 '스'다.

먼지 ♀ 에서 만난 끼끼기떼기 오전시.

제국과 '오랑캐'가 사는 땅의 경계를 이루었다. 위쪽으로는 사막이
펼쳐지고, 아찔할 정도로 험준한 산과 메마른 스텝이 여기저기 있었
다. 프랑수아는 재빨리 성벽과 불탑 모양의 감시탑을 스케치북에 옮
겼다. 과거 외국 상인들은 성벽 밖에서 중국 세관원이 선의를 베풀어
주기만을 바라며 차례를 기다렸다.

장난기 어린 얼굴의 자전거택시 운전사는 스톤과 마음이 통해서
우리를 자기 집으로 초대해 차를 대접했다. 운전사는 먹고살려면 두
번째 직업도 가져야 한다고 털어놓았다. 두 번째 직업이 뭐냐고 묻자,
스톤은 "돈이 되는 일"이라고 통역했다. 택시 기사는 자기 아파트에

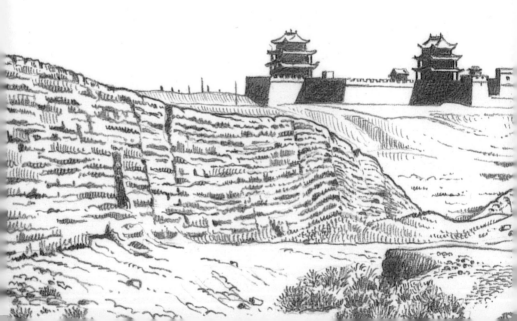

가짜 이발소를 차렸다고 한다. 머리를 감겨주는 싹싹한 여직원은 머리를 자를 줄은 모르지만 마사지는 잘한다고 말한다. 손님이 동의할 경우, 이 여직원들은 다양한 서비스를 제공하는데, 제일 비싼 서비스에는 150위안이 책정된다. 그리고 택시 운전을 나간 주인장은 중간에 들러 자기 몫을 챙긴다. 중국 속담에 "양 머리 걸어놓고 개고기를 준다"는 말이 있는데, 이 남자한테 딱 맞는 얘기다. 그런데 스톤은 하나도 놀란 표정이 아니었다. 중국에는 젊은—아니면 어린—매춘부의 수가 2000만 명이 넘는다고 한다. 세계에서 가장 오래된 이 직업은 아직도 활황을 맞고 있는 것이다.

엄청난 규모를 자랑하는 자위관의 성채.
만리장성이 끝나는 지점에 위치한 이 요새는 중국 제국과 이민족이 사는 땅의 경계를 이루었다.

녹색 만리장성

Lánzhōu

란저우는 간쑤 지방의 주도主都로 멀리에서도 쉽게 알아볼 수 있다. 대기 오염층이 도시를 뒤덮고 있기 때문이다. 세계에서 가장 오염이 심한 십 대 도시 중 아홉 곳이 중국에 있다. 란저우는 거의 20킬로미터 길이로 길게 늘어진 모양의 도시다. 두 개의 높은 절벽 사이에 끼어 있는 지형 때문에, 유명한 황허黃河를 따라 길게 늘어지는 모양일 수밖에 없다. 중국 사람들 스스로 황허가 세계 최고의 흙탕물이라고 주장하는데, 사실 높은 기슭 사이를 유유히 흘러가는 이 황토물은 란저우를 둘러싼 긴 진흙 리본 같은 모양을 하고 있다.

　남서쪽으로 60킬로미터 거리에 있는 빙링사炳靈寺를 보러 갈 시간이 없었기 때문에, 프랑수아에게 바이타 산白塔山 공원으로 산책하러 가자고 했다. 미로처럼 얽힌 채색된 통로와 절 주변의 돌계단을 따라 올라가면 초록 잎이 무성한 연단이 나오는데 이곳이 바로 바이타 산 공원이다. 이곳에 오길 정말 잘했다는 생각이 든다. 케이블이 있는 것을 모른 척하고 힘들게 언덕을 올라가 공원에 다다르니 불교 행사가 거행되고 있었다. 봉헌물로 가득한 제단 맞은편 긴 의자에 나란히 앉은 여섯 여인의 탁발식이었는데, 모두 열정적으로 심취해 기도하고 있었다. 나무로 된 용머리를 작은 망치로 두드리는 박자에 맞춰 승려 와 신도 들이 노래를 불렀다.

예식에 모인 사람들의 열정이 느껴지는 광경이었다. 모든 사람들 이 각자 자기 일을 하느라고 바쁜데, 우리만 멀뚱멀뚱 가만히 있어 예 식의 조화를 깨뜨리는 것 같았다. 그래서 프랑수아를 데리고 더 높은 언덕 위로 올라가, 중국에서 가장 맛있는 차 중 하나인 팔보차八寶茶를 마셨다.

언덕에서 근사한 차를 마시며 아주 편안하고 기분 좋게 쉬면서 스 톤과 이런저런 이야기를 나누었다. 프랑수아도 나도 중국을 삐딱하 게 보려 하지 않았지만 예전에 내가 그랬듯, 이 나라는 프랑수아를 곤 혹스럽게 했다. 중국에서 서양인은—어쨌든 우리는 서양인이다—자 신의 기준을 잃게 된다. 어쩌면 우리가 과민해서 중국을 가까이하기 에 너무 먼 나라로, 중국어와 한자를 뛰어넘지 못할 장벽처럼 생각하 는 것인지도 모른다. '하늘의 테라스'라 할 만한 밭을 무한한 창공처 럼 거대하게 느끼는 것일 수도 있다.

중국에서 계단식 밭농사는 아주 오래전부터 시행되고 있다. 지금 은 밀이 익을 계절이다. 이곳 사람들은 주로 낫을 사용한다. 기계를 이용한 타작은 어쩌다 하거나 마을 단위로 할 뿐이다. 사람들은 다발 로 묶은 밀을 길가에 펼쳐놓고, 마음 좋은 운전자가 나타나 사주기를 기다린다. 큰 노력이 필요하지 않은 편리한 방법이기는 하지만, 손님 을 기다리는 사이 일부 밀알은 참새들의 배를 채우느라 없어진다.

마일윈馬日隅(말 기 모양이 곤짜기) 춘신입 '리'를 알게 되었다, 가족이 모두 여섯 명이라 6,000제곱미터의 땅을 할당받아 농사를 짓고 있다. 여러 사람이 소유한 농경지를 분배하는 일은 매년 마을 위원회에서 맡아서 하고 있다. 리는 올해 2차 밀 추수도 할 수 있기를 바란다. 현재 밀 말고도 풋고추를 기르는데, 내년이면 100킬로그램의 고추를 따게 될 것—여기서 나오는 이익은 4,000위안으로, 이는 약 500유로에 해당된다—이라 한다.

사막화의 폐해는 비단 서양에서만 나타나는 현상만은 아니다. 중국에서는 매년 4,000제곱미터의 땅이 사막으로 변한다. 상황이 이렇게 되자, 중국 사람들은 '녹색 만리장성' 프로젝트를 세워서 이에 따라 작물을 재배하고 있다. 반드시 필요한 일이다. 스톤의 말에 따르면, 중국 사람들은 엄청나게 많이 먹고—아마도 과거의 결핍에 대한 보상을 받기 위해서인 듯싶다—남자들은, 심지어 젊은 남자들까지도 배가 나온 것을 부의 상징으로 여긴다.

프랑수아가 끝없이 펼쳐진 풍경을 스케치하는 동안 나는 멍하니 허공을 바라보며 넋을 잃고 있었다. 우주에서 나는 얼마나 작은 점 같은 존재인가. 이렇게 넓은 세상에서, 사람들은 그저 잠시 머물다 가는구나. 이런 생각에 이르자, 문득 이곳에 머물다 간 모든 존재에게 큰 연민—문득 이런 생각이 든 것은 부처가 가까이 있어서일까? 아니면 광활한 풍경이 펼쳐져 있어서일까?—을 느꼈다.

오늘, 높은 바위를 마주 보고 앉아
안개가 물러나기를 기다리네.
맑고 차가운 강의 가는 물줄기,
굽이굽이 이어진 푸르스름한 성벽.

이른 아침, 안개에 가린 뿌연 달빛은
지난밤 반딧불처럼 반짝였는데…….
먼지 하나 묻지 않은 내 몸.
어찌 내 마음에 고통이 남았으리요?

무심코 읊은 중국 당나라 때의 승려 시인 한산寒山의 시구는 내 마음속에 있던 모든 열정을 끌어냈다.

316번 도로 2,646킬로미터 지점에서 내려다본 마얼완의 계단식 농경지.
오로지 농부들의 성실함과 용기로 만들어낸 위대한 작품이 눈앞에 펼쳐져 있다.
매년 봄이면 꽃과 곡식으로 가득 차 풍성한 과실을 약속하는
이 끝없는 아름다움에 넋을 잃어 발걸음을 떼지 못했다.

Lánzhōu | 녹색 만리장성

여정의 끝, 실크로드의 시원

Xi'ān

시안西安에 도착한 것은 7월 3일 어두운 밤이었다. 우리는 도둑이라도 되는 양 옛 요새 도시의 서문西門 안으로 들어갔다. 중국 제국에서 으뜸 도시였던 시안—당나라 때는 장안長安이라 불린 수도였다—은 수도 자리를 베이징에 넘겨주고 말았다.

2년 전 시안에 도착했을 때가 떠오른다. 서문 위로 솟아오른 높은 성채의 흰색 벽과 회색 기와지붕. 서문만 해도 프랑스의 웬만한 병영과 맞먹을 정도로 규모가 큰 건물이다. 하지만 혼자 힘으로 실크로드 도보 횡단을 마치고 거둔 승리를 축하하기에는 나를 맞이하는 시안이라는 무대가 그다지 매력 있게 느껴지지 않아 실망감을 감출 수 없었다.

프랑수아는 이 도시가 축제의 분위기는 간직하고 있지만 모든 점에서 아쉽다고 했다. 성채의 윤곽을 강조하는 알록달록한 전구들은 중앙에 종탑이 우뚝 서 있는 이 옛 도시에 천박한 분위기를 던져주었다. 오늘 본 종탑은 보수 작업 때문인지 건축 발판과 비닐 포장에 꽁꽁 싸여 있었다. 나는 프랑수아에게 위로하듯 말했다. "괜찮아. 열 시

시안의 거리 풍경.

간이나 달려왔더니 너무 지쳐서 잠부터 자야겠어." 그리고 곧바로 침대로 들어가 그대로 깊은 잠 속으로 빠져들었다.

이른 아침, 성벽 둘레의 외호 건너편 도로 통로에는 카드와 장기를 두는 사람들이 새벽 일찍부터 자리를 차지하고 있었다. 동문東門에는 페인트공, 목공, 석공, 실내 장식가 등 자기 직업을 적은 광고판을 목에 건 남자들이 얘기를 나누고 있었다. 남자들은 대부분 연장을 들고 있었지만 맨손으로 온 사람도 있었다. 모두 누군가 일감을 주기를 기다리고 있었다.

프랑수아와 스톤은 시안에서 40킬로미터 거리에 있는 린퉁臨潼에 가기로 했다. 린퉁에는 저 유명한 진시황릉 발굴 유적을 전시하는 병마용박물관이 있다. 나는 혼자 거리를 돌아다녔다. 조금 당혹스러웠다. 두 달 넘게 한 번도 떨어져 지내지 않았던 친구와 몇 시간 헤어지게 되었기 때문일까. 아니면 다시 한번 여행이 끝나가고 있기 때문일까.

프랑수아와 죽이 척척 맞는 장난꾸러기 스톤은 영국인 같은 말투로 버스 운전사에게 표 값을 물었다. "5위안." 운전기사가 말했다. 스톤이 버스에서 내리는 척하며 프랑수아에게 말했다. "내려요, 다른 버스 타게요." 운전기사는 다시 값을 부른다. "좋아, 4위안!" "오케이." 스톤은 버스에 앉으며 영어로 말했다. 버스 운전사는 열려 있는 창문 밖으로 고개를 내밀고, 역시나 손님을 기다리고 있는 동료 기사에게 중국어로 말했다. "제길, 어떻게 먹고 살라는 거야? 이제는 외국 놈들도 값을 깎으려고 드네."

다옌 탑大雁塔(큰기러기탑). 동양의 마르코 폴로라 할 만한, 용감한 승려 현장玄奘은 장장 16년간 인도 순례를 하고—7세기의 일이다—산스크리트어로 된 문서를 동료 승려와 함께 중국어로 번역해 전파했다. 인심 좋은 황제는 현장에게 돌과 나무로 된 이 불탑을 하사했다. 당시의 이름은 '성서聖書의 탑'이었다고 한다. 그런데 어떻게 이 이름이 '큰기러기탑'으로 바뀌었을까? 그것 참 수수께끼다(중국 전설에 따르면, 현장이 사막에서 길을 잃었을 때 큰기러기가 나타나 길을 안내해준 것을 기리는 이름이다).

마음이 내킨다면 나무 계단으로 올라가서—7층짜리 탑이다—멋진 시내 경관을 한눈에 내려다볼 수도 있다. 하지만 솔직히 고백하건대, 나는 차마 올라갈 용기가 나지 않았다. 익히 알려져 있듯, 편한 것에 익숙해지면 게을러지게 마련. 오늘 내가 그랬다. 나도 어쩔 수 없는 모양이었다.

프랑수아는 진시황릉의 병마용兵馬俑에 홀딱 반해서 돌아왔다. 고대 유물이 발굴된 곳에 가보면 정말이지 놀라움을 금할 수 없다. 실제 크기의 갑옷과 말을 타고 있는 수천 명의 병사는 기원전 3세기 중국의 황제였던 진시황의 영혼을 지키기 위해 함께 묻혔다.

이 병사들을 발견한 사람은 우물을 파던 농부였다. 엄청난 발견 앞에서 눈이 휘둥그레졌을 농부를 상상해보라. 12헥타르에 이르는 공간에 세 사람씩 세 줄로 정렬한 병사 조각품은, 전차의 수를 빼더라도 족히 7,000개에 달하는 것으로 추정된다. 지금까지 1,000여 조각이 발굴되었는데, 이것만으로도 다양한 머리 모양과 턱수염과 콧수염을 확인할 수 있다. 병사들의 키가 큰 걸로 봐서는—최소 180센티미터

실존 인물을 모델로 삼은 듯 한 사람 한 사람 생김새도 표정도
모두 다른 진시황릉의 청동 병마용들.

다—중앙아시아에서 건너온 외국인 용병이 아닐까 싶다. 당시 한족은 거인과는 거리가 있었기 때문이다.

　마지막 날 저녁이다. 고향에 대한 향수와 빨리 돌아가고 싶은 조급한 마음이 솟아오른다. 새로 태어난 아기 잔을 두 달이나 보지 못한 프랑수아는 돌아갈 시간이 가까워졌다는 생각만으로도 안절부절못했다. 나는 이미 이 길을, 이 여행을, 이 지방을 떠나 베이징에 도착한 순간을 상상하고 있다. 베이징에 가면, 황제의 색인 노란색 지붕과 행복의 상징인 붉은색 벽으로 둘러싸인 쯔진청紫禁城(자금성)을 산책할 것이다. 안녕 스톤, 안녕 실크로드.

그는 나를 보자 웃음을 터뜨렸고,

나도 남자 쪽으로 다가가면서 웃음을 터뜨렸다.

그는 라싸에 가기 전, 자오허의 라브랑 사원 쪽으로 가고 있는

티베트 승려였다.

우리는 빡빡 자른 머리, 사흘 전부터 희끗희끗하게 자란 수염,

태양과 비로 새까맣게 탄 얼굴과 손등이 비슷한 게 쌍둥이 같았다.

나는 걷고 싶다

Běijīng

베이징에 왔다. 프랑수아는 쯔진청을 크로키했다. 그리고 야시장에 가서 여기저기 기웃대다가 전갈 꼬치, 귀뚜라미, 흰색 곤충, 매미를 구경했다. 중국인들은 탁자, 배, 비행기만 빼고는, 다리가 달리고 날 아다니는 모든 것을 먹는다고 하는데, 중국인이 좋아하는 음식을 보며 정말 맛이 있을지 아니면 역겨울지 궁금했다.

배가 출출해지자 맛있는 먹을거리를 찾아 리오 씨와 함께 한 세기 반 전부터 '베이징 덕'으로 오랜 명성을 쌓아온 왕푸징王府井 거리로 갔다. 과학 실험을 한다 해도 과언이 아닐 만한 솜씨로 오리고기를 잘 라내는 장면을 지켜보았다. 민속박물관에 전시해도 손색이 없을 정도로 날렵한 면도칼을 든 주방장은 우리 눈앞에서 오리 고기를 정확히 108개의 조각으로 잘라냈다.

내 마음은 이미 파리에 가 있었다. 머릿속으로는 9주간의 여행을 결산하고 있고, 프랑스에 돌아갔을 때 사람들이 던질 질문을 상상해 보았다. "이번에 자동차로 다시 1만 2000킬로미터 구간을 여행했는데 어땠습니까? 장기간 도보 여행을 할 때 늘 느꼈던 두려움이나, 네 번의 대담한 여행을 하며 익숙해졌을 고독 같은 건 느끼지 않았을 것 같은데요." 나는 이 가상의 질문에 대해 진심을 다해 대답해보려 한다. 허세나 위선을 떨지 않고, 실망감을 희석시키려 하거나, 남에게 터무니없는 것을 믿게 하려고 꾸미지도 않고 더욱 냉철하게. 이번 여행에서는 실망감을 느꼈다고 고백하고 싶다. 말도 안 되는 소리라고 비난을 받는다고 해도 말이다.

어쨌든 '다른 사람들처럼 여행하는 것'은 내 취향에 전혀 맞지 않았다. 모터가 달린 차가 싫고, 주유소가 싫고, 기계, 속도, 소음, 무관심과 익명성이 떠도는 커다란 도로가 싫다. 제발 내 말을 믿어주길 바란다. 내가 애정을 갖는 것은 그런 것이 아니다. 그런 여행은 내 삶의 리듬도 내 세상도 아니다. 숨을 쉬고 살기 위해 내게 필요한 것은 느림이고, 무엇이든 스스로 결정할 수 있는 능력이고, 풀길을 따라 어슬렁거리며 몽상에 젖는 것이다. 찌르레기의 비행, 어릴 때 먹었던 솜사탕처럼 뭉게뭉게 짙게 깔린 산등성이, 자기 일을 하느라 바쁘게 내 앞을 지나가는 전갈, 나처럼 풀밭 위를 돌아다니는 방랑자. 이런 모습들이야말로 내 마음에 드는 것들이다. 내 삶의 리듬은 과거의 리듬이라고 할 수 있다.

"도착하기만 바란다면 역마차를 잡아타고 갈 수도 있다. 하지만 여행을 하고자 한다면, 걸어가야 한다." 장 자크 루소가 그의 저작 『에밀Emile』에서 한 말이다. 나도 '도착하기'만을 바라는 것은 아닐 것이다. 게다가 어디에 도착한다는 말인가? 내 마음에 드는 것은 늘 얘기했던 것처럼, '가는 것' 그 자체다.

이 여행은 다행스럽게도 프랑수아 덕분에 구원을 받았다. 여행하는 데 이보다 더 좋은 동반자를 바랄 수는 없을 것이다. 아침부터 저녁까지 그리고 저녁부터 아침까지 늘 찡그리는 법 없이 톡톡 튀는 유머 감각을 발휘하고, 사소한 것에 신경 쓰기보다는 본질에 관심을 두고, 모든 것에 호기심을 가지는 깜찍한 장난꾸러기를 상상해보라. 이 친구와 함께 여행하는 것은, 근시안적인 시각 때문에 놓칠 수 있는 것을 탐색하고, 늘 깨어 있는 눈으로 관찰할 준비가 되어 있는 사람에게 안내를 받는 것과 다름없다. 시인의 눈으로 세상을 보여주는 '무중력' 상태 같은 존재가 이 친구다. 프랑수아가 그린 우리가 만난 친구들의 초상화를 보기만 해도 알 수 있다. 프랑수아는 우리가 만난 친구들의 본질을 정확히 그림으로 옮겨, 묵직하기만 한 내 글을 보완해주었다.

이번 실크로드 여행은 프랑수아 덕분에 조금 거리를 두고 여행을 음미할 수 있었다. 그리고 높은 곳에서 조망하듯 여행했다고 말할 수도 있겠다. 그리고 이 여행은 결국 프랑수아에게도 충만함과 함께 그리움으로 점철된 우정을 남겼다.

나머지 소감은 언제나 그렇듯 이렇게 말하는 것으로 대신하려 한다. 자, 가자!

감사의 말

이스탄불에서 시안까지 이어지는 여정에서, 성심성의껏 자신이 아는 모든 것을 가르쳐주고 우정을 나눈 가이드와 운전기사 들—제롬(터키), 쇼레(이란), 코밀(우즈베키스탄), 자밀라와 톡토굴(키르기스스탄), 스톤(중국)—에게 감사한다.

'실크로드의 오리엔트 협회' 친구들, 특히 우리의 부르주아 여행을 위해 차량, 숙소, 식당, 정보를 마련하고 무사히 여행을 하는 데 엄청난 도움을 준 소피에게도 감사의 뜻을 전한다.

—베르나르 올리비에

내 삶을 다채롭게 해준 나탈리와 사랑스러운 네 딸 아멜리, 쥘리, 잔, 포스틴 그리고 아름다운 추억거리를 안겨준 베르나르에게 감사한다.

—프랑수아 데르모

쇠이유 협회

2000년 베르나르 올리비에가 창설한 쇠이유SEUIL('문턱' 또는 '경계'를 뜻하는 프랑스어) 협회는 비행 청소년이 도보 여행을 통해 방황을 끝내고 삶의 균형을 찾을 수 있도록 돕고 있다. 아이들은 둘씩 짝을 이루어 동행자와 함께 말이 통하지 않는 외국으로 떠나 넉 달 동안 도보 여행을 한다. 두 사람은 배낭을 메고 유럽의 산책로나 작은 도로를 따라서 1,500킬로미터를 걷는다.

주의 사항은 단 한 가지, 녹음된 형태의 음악을 가져가서는 안 된다는 것. 그들은 단지 텐트를 치고, 장을 보고, 요리를 한다. 그리고 걷는다. 학부모, 판사, 교육자 등과 완벽한 조화를 이루며 걷는 이 여행은 열여섯 살에서 열여덟 살 사이의 비행 청소년들에게 감옥의 대안이 될 수 있다.

협회 운영비는 회비와 『나는 걷는다』의 인세로 충당한다. 자세한 문의는 아래의 쇠이유 협회 연락처로 하면 된다.

주소 31, rue Planchat 75020 Paris, France | 전화 33-1-44-27-09-88 | 팩스 33-1-40-46-01-97
이메일 assoseuil@wanadoo.fr | 홈페이지 http://www.assoseuil.org

옮긴이의 말

거꾸로 깨닫는 '걷는 것'의 의미

『나는 걷는다』의 저자 베르나르 올리비에가 또 한 번 실크로드 여행 길에 올랐다. 이번에는 혼자가 아니라 수채화가 프랑수아 데르모와 함께.

표지와 흑백 화보 한두 장을 빼고는, 여행 사진 한 장 실려 있지 않은 그의 전작을 읽은 사람이라면—그나마 여행 중에 찍은 저자의 얼굴은 프랑스어판에서는 구경도 할 수 없다—책에 묘사된 인물과 풍경을 직접 눈으로 확인할 수 있는 좋은 기회가 될 것이다. 전작을 읽지 않은 이도 상관없다. 두 사람의 뒤를 따라가기만 하면, 터키에서 출발해 중국의 시안까지 실크로드를 횡단하는 친절한 글과 아름다운 수채화가 펼쳐질 테니.

4년에 걸쳐 장장 1만 2000킬로미터에 이르는 실크로드를 혼자 걸으며 고독한 여행가이자 방랑자이기를 자처하던 베르나르 올리비에가 '남들처럼 자동차를 타고' 여행 친구까지 데리고 길을 나서다니 무슨 까닭일까. 타고난 몽상가인 그는 첫 여행기에서 독자의 상상을

제한하는 사진 및 영상을 원천 봉쇄(!)하고, 오직 글로만 이야기를 전
달하려 했다. 하지만 '이미지'를 넣어달라는 독자의 요구는 계속 이
어졌고, 결국 이를 허락하고 말았다. 그러니 이번 여행은 독자를 위한
'보너스' 여행이라 해도 지나치지 않으리라.

책에 이미지를 싣기는 하지만, 여전히 독자에게 상상할 여지를 주
기 위해 사진이 아닌 수채화를 택했다. 지은이 입장에서 찾아낸 매우
절묘한 접점일 게다. 책장을 넘길 때마다 등장하는 정감 어린 그림은
글로 묘사된 내용을 제대로 축약해 보여준다. 풍경도 풍경이지만, 섬
세하고 정확하게 특징을 포착해 그린 사람들의 얼굴을 보노라면 절
로 감탄이 나온다.

또 한 차례의 실크로드 여행이 끝났다. 하지만 그는 도보 여행에
대한 미련을 떨쳐버리지 못한다. 여러 가지 사정 때문에 차를 타고 떠
난 이번 여행기에서조차 '왜 걷는가?'라는 질문으로 시작해, 걷기에
대한 간절한 목마름의 고백으로 끝맺는다. 사실 걷는 것의 의미는 베
르나르 올리비에 자신에게만 한정된 것은 아니다. 비행 청소년에게
재활 기회를 마련하려고 창설한 쇠이유 협회가 제시하는 방법 역시
'걷기'다.

어쩌면 저자는 본연의 도보 여행자로 돌아가, 어느새 세 번째 실크
로드 여행을 계획하고 있을지 모른다. 자신의 고백대로, 올리비에 씨
는 못 말리는 고집불통 도보 여행자니까.

2006년 7월
고정아

지은이 베르나르 올리비에 Bernard Ollivier

30여 년간의 기자 생활을 마치고 은퇴 후 예순두 살이 되던 1999년부터 2002년까지 1만 2000킬로미터에 달하는 실크로드를 고집스럽게 홀로 걸어서 여행했다. 현대판 오디세우스의 방랑기라 할 이 놀라운 여행담을 내밀한 어조로 기록해 묵직한 책으로 선보였는데(『나는 걷는다』전3권), 그의 이 길고도 열정적인 여행기에 프랑스 언론은 뜨거운 관심과 찬사를 보냈다.

그는 언론의 스포트라이트를 받자 조금 놀라기는 했지만, 결코 동요하지는 않았다. 이 때문에 언론과 독자는 감정을 잘 드러내지 않는 신중한 그의 처신에 더욱 주목할 수밖에 없었다. 여행에서 겪은 일들을 있는 그대로 서술한 『나는 걷는다』에 한국의 독자들도 아낌없는 성원을 보냈고, 그런 사연으로 한국을 방문하기도 했다.

그리고 2004년, '세상에서 제일 긴 산책'의 열렬한 지지자인 수채화가 프랑수아 데르모와 의기투합한 그는 다시 한 번 실크로드 여행길에 오른다. 여전히 놀라운 시선을 간직한 채, 또 다시 평범한 사람들 속으로 뛰어들어 스스럼없이 어울리며……

그린이 프랑수아 데르모 François Dermaut

삽화가이자 동시대 최고의 수채화가다. 작품으로 『만성절의 추억Souvenirs de Toussaint』과 플라마리옹·Groupe Flammarion에서 '나는 읽었다J'ai lu' 시리즈의 하나로 발간한 『말레포스의 길Les Chemins de Malefosse』이 있다. 산티아고 데 콤포스텔라 순례지를 도보로 여행하며 영감을 받아 2003년 『산티아고 데 콤포스텔라 여행수첩Carnets de Saint-Jacques de Compostelle』을 내며 대중에게 널리 알려졌다. 베르나르 올리비에와 여행하며 그린 실크로드 그림으로 2005년과 2006년, 전시회를 열어 큰 반향을 일으켰다.

옮긴이 고정아

서울에서 태어나 서강대학교와 동 대학원에서 불어불문학을, 한국외국어대학교 통번역대학원에서 한국어—프랑스어 통역을 공부했다. 『나는 걷는다』, 『에코토이, 지구를 인터뷰하다』, 『How Wine-세계 최고의 소믈리에에게 배우는 와인 맛보는 법』, 『수전노』, 『80일간의 세계 일주』를 번역했고 영화 〈늑대의 후예들〉, 〈길로틴 트래지디〉, 〈아들〉을 우리말로 옮겼다.

베르나르 올리비에의 실크로드 여행 스케치

1판 1쇄 인쇄 | 2014년 12월 10일
1판 1쇄 발행 | 2014년 12월 20일

지은이 베르나르 올리비에
그린이 프랑수아 데르모
옮긴이 고정아

펴낸이 송영만
디자인 자문 최웅림

펴낸곳 효형출판
출판등록 1994년 9월 16일 제406-2003-031호
주소 413-756 경기도 파주시 회동길 125-11(파주출판도시)
전자우편 info@hyohyung.co.kr
홈페이지 www.hyohyung.co.kr
전화 031 955 7600 | **팩스** 031 955 7610

ISBN 978-89-5872-133-8 03910

이 책에 실린 글과 사진은 효형출판의 허락 없이 옮겨 쓸 수 없습니다.

값 13,500원

이 도서의 국립중앙도서관 출판예정도서목록(CIP)은 서지정보유통지원시스템 홈페이지
(http://seoji.nl.go.kr)와 국가자료공동목록시스템(http://www.nl.go.kr/kolisnet)에서
이용하실 수 있습니다.(CIP제어번호: CIP2014035050)